和职工朋友谈谈中国智慧

董振华◎主编
赖明明　王宜科◎编著

Chinese wisdom

中国工人出版社

图书在版编目（CIP）数据

和职工朋友谈谈中国智慧 / 董振华主编；赖明明，王宜科编著.
-- 北京：中国工人出版社，2020.7
（职工思想政治引领丛书）
ISBN 978-7-5008-7428-7

Ⅰ.①和… Ⅱ.①董… ②赖… ③王… Ⅲ.①中国特色社会主义—社会主义建设模式—通俗读物 Ⅳ.①D616-49

中国版本图书馆CIP数据核字(2020)第098089号

和职工朋友谈谈中国智慧

出 版 人　王娇萍
责任编辑　李素素　冀　卓
责任印制　栾征宇
出版发行　中国工人出版社
地　　址　北京市东城区鼓楼外大街45号　邮编：100120
网　　址　http://www.wp-china.com
电　　话　（010）62005043（总编室）
　　　　　（010）62005039（印制管理中心）
　　　　　（010）82075935（职工教育分社）
发行热线　（010）62005996　（010）82029051
经　　销　各地书店
印　　刷　北京美图印务有限公司
开　　本　880毫米×1230毫米　1/32
印　　张　5.875
字　　数　124千字
版　　次　2020年7月第1版　2023年4月第4次印刷
定　　价　39.00元

目录

C O N T E N T S

第八篇　天下为公的大同理想

第九篇　协和万邦的宽广胸怀

第十篇　天人合一的自然主义

第一篇

厚德载物，兼容并蓄

我们应该以海纳百川的宽广胸怀打破文化交往的壁垒，以兼收并蓄的态度汲取其他文明的养分，促进亚洲文明在交流互鉴中共同前进。

——习近平，*2019* 年 *5* 月 *15* 日，在亚洲文明对话大会开幕式上的主旨演讲

一、传统文化中厚德载物的生命情怀

“厚德载物”出自《易经》：“天行健，君子以自强不息；地势坤，君子以厚德载物。”

“厚德”，顾名思义是指宽厚的德行；“载物”，是指像天地那样宽广且有道德的人才能承载万物。“厚德载物”是“修身”的起点，“修身”才能“齐家、治国、平天下”。修身养性重在培养高尚道德情操，厚德载物方能成为谦谦君子。

厚德载物是中国历代谦谦君子的品德特质，也是治国理政的中国智慧。新中国成立 70 多年的伟大历程与实践正是因为秉承厚德载物这一中国智慧，它使实现中华民族伟大复兴中国梦成为激发活力的动员力量，使社会主义核心价值观成为价值导向。

（一）厚德载物的中心思想提倡“仁爱”

孔子的弟子樊迟向孔子请教什么是“仁”，孔子回答：“爱人。”孔子把“仁”作为最高的道德原则，形成了以“仁”为核心的思想伦理体系。

厚德载物的“仁爱”思想覆盖人与自身、人与人、人与社会、人与自然四个方面，包含由近到远的四个层次。

山东曲阜尼山圣境里举行的祭拜孔子仪式。

第一个层次：自爱，且有“仁爱”之心。孔子在《论语·雍也》中提出“仁者寿”，认为有爱心、能爱人的人能健康长寿。孟子认为“仁爱”是天性，是否有良善之心是人与兽的本质区别，要求人要有同情心、羞耻心、礼让心、是非心。

第二个层次：爱父母。孝敬父母在中国文化中占据重要位置。“孝、悌、忠、信、礼、义、廉、耻”八德中，“孝”为首。《论语·学而》中有言：“君子务本，本立而道生。孝弟也者，其为仁之本与！”

第三个层次：爱兄弟姊妹。《论语·学而》中有言：“其为人也孝弟，而好犯上者，鲜矣！”“悌”主要是指尊重顺从兄长，也指兄长怜爱兄弟，常与“孝”并列，称为“孝悌”。儒家重视“孝悌”，把它看作是施行“仁”的根本条件。

第四个层次：爱他人。对人要温、良、恭、俭、让。《论语·学而》中提出，“泛爱众，而亲仁”，《孟子·梁惠王上》中有言：“老吾老，以及人之老；幼吾幼，以及人之幼。”“仁爱”不能局限在爱自己，还要扩展到爱别人，这才是“仁”的本质。

（二）厚德载物的处世方法提倡“宽容”

“厚道”“大度”“宽容”三者是相通的。宽容可以化干戈为玉帛，化战争为和平，化矛盾为和谐，化分歧为合力。“有容乃大”最早出自《尚书》。《书·君陈》：“有容，德乃大。”明代兵部尚书太子太保袁可立用“受益惟谦，有容乃大”以自勉。林则徐则题“海纳百川，有容乃大；壁立千仞，无欲则刚”，这些都表达了君子要有宽厚的胸怀、虚怀若谷的境界、宽容待人的品德。

那么，在现实生活中怎样才能做到宽容呢？首先，自己不想做的，不应该要求他人做，《论语·卫灵公》中言：“己所不欲，勿施于人。”其次，设身处地地换位思考，即站在对方的立场思考，站在对方的立场作出价值判断。最后，对人不苛刻，“水至清则无鱼，人至察则无徒”表达的就是这个含义。要培养宽容的心态与品德，可以采用“静心、慎独、反省”三法。

（三）厚德载物的治国之道提倡“仁政”

厚德载物是修身养性之道，也是治国理政之道。“仁政”是孔子的政治主张。后来，孟子发扬了孔子的学说，系统地提出了“仁政”主张。“亲亲而仁民，仁民而爱物。”

自汉武帝“罢黜百家，独尊儒术”以来，儒家治国思想成为中国历代统治者的官方主流思想。与法家提倡“一断于法”的统治术不同，儒家主张“礼治”“德治”“仁治”相结合。通过“礼治”，提倡建立贵贱、尊卑、长幼、亲疏有序的规范社会，实现“君君，臣臣，父父，子子”的理想社会；通过“德治”，提倡以道德去感化教育人，儒家认为无论人性多么恶都可以用道德去感化教育人；通过“仁治”，提倡以人为本，相信“为政在人”，主张依靠明君贤良治国。

除了儒家主张“仁政”治国外，诸子百家也表达了相似的政治立场。墨家主张的“兼爱”与儒家主张的“仁爱”有异曲同工之妙。

【全球视野】 孔子在西方历史中的“三种形象”

几百年来，由于观察者的角度不同，孔子在西方历史上形成了几种不同的形象。

第一种形象是“哲人”。明末意大利传教士利玛窦在《中国传教史》中说：“中国最伟大的哲学家是孔子。他的观点和他的生活态度，绝不逊于我们古代的哲学家，许多西方哲学家无法与他相提并论。”

利玛窦来到中国，看到读书人穿的是儒服，念的是“四书”“五经”，讨论的是孔孟之道，国家的最高统治者皇帝也信奉儒家学说并以之治理天下。在这样的耳濡目染之下，他向西方传达的结论就是：“中国最伟大的哲学家是孔子。”这一切显得顺理成章。

第二种形象是“智者”。德国哲学家黑格尔虽然说过“孔子的哲学就是国家哲学，构成中国人教育、文化和实践活动的基础”，但认为“孔子只是一个实际的世间智者”，不能算是哲学家。黑格尔的理由如下：一是孔子只注重常识道德，或者说是“一些善良的、老练的道德教训”；二是孔子不懂思辨哲学。因此，“为了保持孔子的名声，假使他的书从来不曾有过翻译，那倒是更好的事”。

黑格尔本人不懂中文，他对孔子思想的了解只是限于传教士的译本，因此他对孔子的评价自然不高。黑格尔是欧洲中心主义者，轻视东方文化，他甚至不无偏见地认为汉语不宜思辨。对此谬论，钱锺书先生在《管锥编》中曾严加驳斥。

第三种形象是“完人”。18世纪法国的一批学者高度赞赏孔子，几乎认定孔子是个完人。伏尔泰认为孔子“己所不欲，勿施于人”一言基督未曾说过。他尤其赞美孔子“以直报怨，以德报德”的格言，以为“西方民族，无论格言如何，教理如何，无可与此纯粹道德相比拟者。孔子常说仁义，若使人们实行此种道德，地上就不会有什么战争了”。伏尔泰在自己的礼拜堂中挂了孔子的画像，朝夕礼拜。

（内容来源：2007年9月30日，中国网，http://www.china.com.cn/culture/txt/2007-09/30/content_8987275_3.htm 节选）

二、社会制度中兼容并蓄的包容智慧

自鸦片战争以来，面对“三千年未有之大变局”，不同阶级登上历史舞台施展抱负，展示各自的救国方案。那么，什么是最适合中国的社会制度？哪条道路可以引领中国走向独立、富强、民主、繁荣？

十月革命一声炮响，给中国送来了马克思主义，从此，中国革命的面貌焕然一新，走上了成功的道路。马克思主义中国化体现了兼容并蓄的包容智慧。

（一）中国人民“站起来”的中国智慧

马克思主义中国化的第一次历史性飞跃发生在新民主主义革命时期，理论成果是毛泽东思想。毛泽东思想系统地回答了在半殖民地半封建的东方大国，如何运用马克思列宁主义，进行新民主主义革命和社会主义革命的问题，初步确定社会主义是在建设道路过程中总结、凝练、升华而成的。

关于革命的步骤。党的二大制定了中国革命分“两步走”的民主革命纲领，制定了党的最低纲领和最高纲领。在此基础上，进一步创造条件，以实现党的最高纲领，即建立劳农专政的政治，铲除私有财产制度，渐次达到一个共产主义的社会。

关于农民运动。马克思、恩格斯经典观点与俄国革命都重视工人运动与城市武装。但是中国是农业大国，农村人口众多，革命成功与否取决于能否建立工农联盟，这决定了中国革命必须走“农村包围城市，武装夺取政权”的道路。

1927 年 9 月 9 日湘赣边界秋收起义爆发。9 月 29 日秋收起义部队到达江西省永新县的三湾村进行了三湾改编：由原来的一个师缩编为一个团；将“支部建在连上”；成立各级士兵委员会，实行民主管理制度，在政治上官兵平等。10 月 27 日，起义部队到达罗霄山脉中段井冈山的茨坪，开创了中国共产党领导下的第一个农村革命根据地。

（二）中国人民“富起来”的中国智慧

马克思主义中国化的第二次历史性飞跃发生在改革开放时期，理论成果是邓小平理论、“三个代表”重要思想、科学发展观。

改革开放以来，中国从实行家庭联产承包责任制与建立经济特区起步，先后推动了国企改革、外贸体制改革、财税体制改革、金融体制改革，建立了社会主义市场经济体制，加入世界贸易组织（以下简称“世贸组织”），实行科学发展与创新驱动战略。改革开放推动中国成为世界第二大经济体，取得了全世界瞩目的经济发展成就。

1978 年，中国人均国内生产总值只有 155 美元，81% 的人生活在农村，84% 的人生活在一天 1.25 美元的贫困线之下。40 多年来，我们始终坚持以经济建设为中心，不断解放和发展社会生产力，我国国内生产总值由 3679 亿元增长到 2019 年的 99.1 万亿元，按照年平均汇率折算达到 14.4 万亿美元，稳居世界第二。根据比较计算，这与 2018 年世界排名第三、第四、第五、第六位的日本、德国、英国、法国四个主要发达国家的 2018 年国内生产总值之和大体相当。

改革开放之初，我国国内生产总值占世界生产总值的比重为 1.8% 。2019 年中国 GDP 占世界的比重约为 16%，中国经济增长对世界经济增长的贡献率预计达到 30% 左右。

2019 年，中国步入人均 GDP 10000 美元以上国家行列，人文发展指数地位也进一步上升。全国居民人均可支配收入突破 30000 元；消费质量提高，居民消费结构升级。中等收入群体规模进一步扩大。

当前，中国依然是世界经济发展动力最足的火车头。

（三）中国人民“强起来”的中国智慧

习近平新时代中国特色社会主义思想是马克思主义中国化的最新成果。

党的十八大以来，以习近平同志为核心的党中央举旗定向、运筹帷幄，确定了民族复兴的时间表、路线图并付诸实施，推动的一系列历史性变革，在民族复兴历史上写下了浓墨重彩的一笔，中华民族伟大复兴开启了新纪元，中国特色社会主义进入了新时代。

党的十九大报告被誉为“新时代中国共产党开启新征程的政治宣言和行动纲领”。报告用“八个明确”“十四个坚持”进一步明确了习近平新时代中国特色社会主义思想的基本内涵、四梁八柱、核心要义以及坚持和发展中国特色社会主义的基本方略。用“不忘初心、牢记使命”强调了中国共产党矢志不渝的奋斗决心；用“决胜全面建成小康社会，夺取新时代中国特色社会主义伟大胜利，为实现中华民族伟大复兴的中国梦不懈奋斗”回答了时代赋予共产党人的前进目标。

习近平新时代中国特色社会主义思想是对中国改革开放以来政治、经济、文化等各方面建设经验的全面总结和提升，是对中国进入新时代建设中国特色社会主义面临各种矛盾的系统思考和理论探索，是始终坚持马克思主义，以马克思主义的立场、观点和方法确定实现中华民族伟大复兴中国梦的思想武器。

【全球视野】 全球并肩抗疫，中国彰显“智慧与担当”

疫情没有国界，病毒是人类共同的敌人。在这场全球抗疫“大考”中，中国与其他各国携手作战，积极分享抗疫经验，并提供物资援助和派遣专家队伍，彰显大国担当。

南非目前是非洲确诊病例最多的国家。面对当地日趋严重的

2020年2月13日下午，北汽福田汽车股份有限公司员工正在加紧生产救护车发动机。

疫情，中国驻南非大使馆日前组织了中国专家视频交流会，与南非卫生系统官员及专家分享中国抗疫经验。南非卫生部部长穆凯兹感谢中国“雪中送炭”。

非洲是国际公共卫生安全的薄弱环节。中国援助18个非洲国家的抗疫物资6日运抵非洲，包括呼吸机、N95口罩、防护服、手套等医疗设备和防护用品。由马云公益基金会和阿里巴巴公益基金会向54个非洲国家捐赠的大量医疗物资近日也陆续抵达非洲。非洲联盟表示，这些医疗物资将极大地增强非洲应对新冠肺炎疫情的能力。

同样收到中国物资援助的还有中东地区疫情最为严重的国家——伊朗。伊朗卫生部主管国际事务的副部长阿萨迪拉里表示，当前伊方抗击疫情已进入关键时期，中方此时给予援助十分重要，有效地缓解了伊面临的物资短缺等困难。

在欧洲国家中疫情最为严重的意大利，每天确诊和死亡人数不断上升，医疗系统超负荷运转，防护物资紧缺。截至目前，中国先后派出三批医疗专家组赴意大利分享抗疫经验。除意大利以外，中国还向伊朗、伊拉克、塞尔维亚、柬埔寨、巴基斯坦、委内瑞拉、老挝等国派遣了医疗专家组。

委内瑞拉总统马杜罗近日在电视讲话和社交媒体中对中国抗疫医疗专家组表示欢迎，并说“这是真正的人道主义援助，感谢中国政府和人民对委人民的支持”。

据悉，中国已同全球多个国家以及国际和地区组织举行类似的视频会议，主要围绕病毒检测、病例追踪、防控措施等问题进行深入交流。中国已向120个国家和4个国际组织提供了包括普通医用口罩、N95口罩、防护服、核酸检测试剂、呼吸机等在内的物资援助。

世界卫生组织指出，中国在防控疫情方面积累了非常重要的经验，非常有效地控制了疫情传播。各国应分享抗疫经验和疫情信息，互相借鉴学习，采取及时有效的防控措施。

（2020年4月8日，新华网，http://www.xinhuanet.com//mrdx/2020-04/09/c_138960293.htm 节选）

三、社会实践中激发活力的动员能力

社会实践中激发活力的动员能力由三大要素构成：确定共同目标、确定共同价值观、构建制度予以保障。

实现中华民族伟大复兴的中国梦是共同的奋斗目标，是社会实践中激发活力的动员能力的“发动机”；社会主义核心价值

2018 年 3 月 11 日，第十三届全国人民代表大会第一次会议经投票表决，通过了《中华人民共和国宪法修正案》。图为投票现场。

观是共同的价值观，是社会实践中激发活力的动员能力的“助推器”；建立最广泛的爱国统一战线是制度保障，是社会实践中激发活力和动员能力的“稳压器”。

（一）中华民族伟大复兴中国梦的中国智慧

中国梦是国家复兴之梦、民族复兴之梦，也是个人幸福之梦。中国梦内涵的最大特质就是把国家、民族和个人视为“三位一体”的命运共同体，把国家利益、民族利益和每个人的具体利益都紧紧地联系在一起。实现中国梦，就是实现人民对美好生活的向往。

关于中国梦与世界梦的关系，习近平总书记这样表述：“中

2017 年 9 月 27 日，“砥砺奋进的五年”大型成就展在北京展览馆展出。

国梦与世界梦息息相通，中华民族应该对人类社会做出更大贡献。”

习近平总书记从统筹国内、国际两个大局的需要出发，阐述了中国梦与世界梦的一致性。他在党的十九大报告中指出：“中国人民的梦想同各国人民的梦想息息相通，实现中国梦离不开和平的国际环境和稳定的国际秩序。必须统筹国内、国际两个大局，始终不渝地走和平发展道路、奉行互利共赢的开放战略，坚持正确义利观，树立共同、综合、合作、可持续的新安全观，谋求开放创新、包容互惠的发展前景，促进和而不同、兼收并蓄的文明交流，构筑尊崇自然、绿色发展的生态体系，始终做世界和平的建设者、全球发展的贡献者、国际秩序的维护者。”

（二）社会主义核心价值观的中国智慧

社会主义不仅是一种制度安排、一种治理模式、一种发展道路，还是一种共同价值观。社会主义核心价值观可以概括为 24 字，即富强、民主、文明、和谐；自由、平等、公正、法治；爱国、敬业、诚信、友善。

“富强、民主、文明、和谐”代表国家层面，描述的是社会主义现代化国家的建设目标，对其他层次的价值理念具有统领作用；“自由、平等、公正、法治”代表社会层面，是对美好社会的表述，也是从社会层面对社会主义核心价值观基本理念的凝练；“爱国、敬业、诚信、友善”代表个人层面，覆盖社会道德生活的各个领域，是公民必须遵守的基本道德准则，也是评价公民道德行为的基本价值标准。

社会主义核心价值观不是凭空产生的，它与中华优秀传统文化和人类文明优秀成果相承接。社会主义核心价值观不仅是价值观，也是时代精神。普及社会主义核心价值观要重视学校思政课。

（三）建立最广泛的爱国统一战线的中国智慧

建立最广泛的爱国统一战线，团结并发挥好包括港澳台同胞、全球华人华侨在内的一切爱国人士的积极作用，这是社会实践中激发活力的保障。

随着改革开放的推进和经济社会状况的变化，我国的统一战线不断扩大，统一战线的性质和内容也在不断变化。2018 年 3 月 11 日，第十三届全国人民代表大会第一次会议通过的宪法修正案，将“包括全体社会主义劳动者、社会主义事业的建设者、拥护社会主义的爱国者和拥护祖国统一的爱国者的广泛的爱国统一战线”修改为“包括全体社会主义劳动者、社会主义事业的建设者、拥护社会主义的爱国者、拥护祖国统一和致力于中华民族伟大复兴的爱国者的广泛的爱国统一战线”。

爱国统一战线的内容被概括为“长期共存、互相监督、肝胆相照、荣辱与共”的十六字方针。它是中国共产党领导的多党合作和政治协商制度的基本方针，也是中国共产党和各民主党派以及无党派人士团结合作的指导方针。中国人民政治协商会议是中国共产党领导的多党合作和政治协商的重要机构，是中国政治生活中发扬社会主义民主的一种重要形式。

习近平总书记在党的十九大报告中提出巩固和发展爱国统一战线。“统一战线是党的事业取得胜利的重要法宝，必须长期坚持。要高举爱国主义、社会主义旗帜，牢牢把握大团结大联合的主题，坚持一致性和多样性统一，找到最大公约数，画出最大同心圆。”

发挥好港澳台同胞、全球华人华侨的积极作用。我国改革开放取得了举世瞩目的伟大成就，这与港澳台同胞、全球华人华侨的巨大贡献分不开。改革开放之初，港澳台同胞、华人华侨返乡投资，建设家园，积极参与“引进来”经贸发展战略。第一批设立的四个特区都在侨乡。深圳毗邻香港，珠海靠近澳门，厦门与台湾隔海相望。汕头之所以也能成为特区，就在于潮汕地区是著名的侨乡。世界级企业纷纷落户特区也与他们的牵线搭桥密不可分。

第二篇

生生不息的奋斗精神

广大党员干部必须牢记党的理想信念和根本宗旨，必须弘扬伟大的长征精神，必须发扬革命战争年代那种敢于战斗、不怕困难的奋斗精神，勇于战胜各种艰难险阻、风险挑战，奋力夺取新时代中国特色社会主义新胜利。

——习近平，*2019* 年 *5* 月 *31* 日，在“不忘初心、牢记使命”主题教育工作会议上的讲话

一、奋斗精神植根于民族基因

中华民族是奋斗的民族。

在历史长河里，中华民族经历过风雨如晦的动荡岁月，也陷入过国破山河在的艰难境地，但是挫折压不垮中华民族，反而激励着中华民族吐故纳新，奋勇向前。

“咬定青山不放松，立根原在破岩中。千磨万击还坚劲，任尔东西南北风。”危难关头，更显中华儿女的英雄本色。外敌入

青岛港的二人先进模范代表。

侵，中华儿女从未卑躬屈膝。中华儿女生生不息的奋斗精神，书写了一部又一部气壮山河的英雄史诗。

“为有牺牲多壮志，敢教日月换新天。”五四精神、红船精神、井冈山精神、长征精神、延安精神、西柏坡精神、雷锋精神、“两弹一星”精神、改革开放精神、特区精神、抗震救灾精神、奥运精神、载人航天精神……生生不息的奋斗精神不仅创造了灿烂的物质文明，而且创造了辉煌的精神文明，它是中华民族屹立于世界民族之林的强大精神力量。

70 多年来，我们秉承着生生不息的奋斗精神，将不同个体的奋斗汇聚成为共同奋斗的向上力量，将不同时段的奋斗联结成奋斗的持续力量，将面对艰难险阻的勇者无畏升华为顽强奋斗的伟大力量。

在漫长的历史中，中华民族形成了自己的思维方式、行为规范和性格特征，建构了一套中华民族的智力系统、知识系统、技能系统、认识体系、思维体系、观念系统、审美体系、价值系统。中国智慧就是中华文化发展进程中凝聚成的价值观、判断力、执行力。

二、传统文化中的奋斗精神

中国智慧与中国人的性格特质密不可分。中国人的性格特质在不同的时代具有不同的特点。但是，有一点是相同的，那就是勤劳勇敢。即便在中国近代特殊历史时期，依然能够看到中国人性格中勤劳勇敢、忍耐执着、具有极强生命力的共性。

（一）勤劳敬业

勤劳敬业包含两层含义：一是提倡劳动光荣与快乐；二是提倡爱岗敬业与工匠精神。爱岗就是热爱自己的工作岗位，热爱本职工作；敬业就是要用一种恭敬严肃的态度对待自己的工作。只有爱岗敬业，才能够形成精益、专注、创新的工匠精神。

《诗经》作为中国最早的一部诗歌总集，收录了不少关于劳动的诗，有大量描写劳动场面的文字，反映了中华民族以劳动为光荣为快乐的传统美德。

《诗·豳风·七月》："七月流火，九月授衣。一之日觱发，二之日栗烈。无衣无褐，何以卒岁？三之日于耜，四之日举趾。同我妇子，馌彼南亩。田畯至喜。七月流火，九月授衣……九月肃霜，十月涤场。朋酒斯飨，曰杀羔羊、跻彼公堂、称彼兕觥，万寿无疆。”“七月流火，九月授衣”描述的是周历九月，妇女提前为严冬准备粗布衣服。全诗描绘了季节转移，时间交替，而劳动人民始终劳动不息。农夫虽然辛苦，但是懂得“人勤地生宝”，以劳动为荣。劳动之余也能“朋酒斯飨，曰杀羔羊。跻彼公堂”，享用劳动与汗水换来的佳肴。

《诗经》中把对骨器、象牙、玉石的加工形象地描述为“如切如磋”“如琢如磨”。朱熹在《论语集注》中解读为“治之已精，而益求其精也”。《庄子》中的“庖丁解牛，技进乎道”，《尚书》中的“惟精惟一，允执厥中”，都体现了中国古代的工匠精神。

中国古代工匠精神的代表性人物很多，比如工匠鲁班。鲁班的名字已经成为古代劳动人民智慧的象征，是木工的祖师爷。木工师傅们用的手工工具，如钻、刨子、铲子、曲尺、画线用的墨斗，据说都是鲁班发明的。

（二）勤政、廉洁、爱民

勤政、廉洁、爱民包含两层含义：对于臣子而言，要求勤政与廉政；对于君王而言，要求勤政与爱民。

官员勤政需要廉政。勤政对应的是“懒政”。不作为的“懒政”危害极大，勤政才能多为百姓做实事。但是仅有勤政是不够的，除了勤政，还需要善政、廉政。官员只有廉洁自律，官场只有建立廉政制度，才能保障勤政为民。

君王需要勤政爱民。爱民是衡量勤政的标准。老子赞扬了献身天下的可贵品质，他表示："故贵以身为天下，若可寄天下；爱以身为天下，若可托天下。"

《尚书》中有很多要求君王勤于政务的内容。《尚书·虞书·皋陶谟》中称赞帝尧"无教逸欲有邦，兢兢业业，一日二日万几"。

1084年司马光编撰完成《资治通鉴》，在这部横跨16个朝代1362年的历史巨著中，他把历史上的君主分为创业、守成、陵夷、中兴、乱亡五类，对文景之治、贞观之治等贤明政治重点论述，体现了主张为君亲政、勤政爱民的政治主张。

三、不断创造奇迹的中国智慧

新中国成立的70多年，是不断创造伟大奇迹、彻底改变中华民族前途命运的70多年。70多年来，我们创造了世界经济发展的伟大奇迹，创造了民生改善的伟大奇迹，创造了科技进步的伟大奇迹，创造了制度创新的伟大奇迹。

北斗卫星导航全球组网星座系统模型。

（一）经济发展与经济体制改革的中国智慧

新中国成立 70 多年的历史证明，推动经济发展，必须推动经济体制改革。我国经济发展与经济体制改革的智慧主要体现在两个方面：坚持“发展才是硬道理”的发展观和坚持经济发展与经济体制改革相配套。

坚持“发展才是硬道理”的发展观。成立 70 多年来，我国始终把发展经济作为重要任务，并取得重大成就。2018 年 12 月 18 日，习近平总书记在庆祝改革开放 40 周年大会上发表重要讲话。他指出：“必须坚持以发展为第一要务，不断增强我国综合国力。改革开放 40 年的实践启示我们：解放和发展社会生产力，增强社会主义国家的综合国力，是社会主义的本质要求和根本任务。”

坚持经济发展与经济体制改革相配套。我国经济体制改革首先是从农村家庭联产承包责任制开始的，“先农村，后城市，先农业，后工业”。经济体制改革包括所有制改革、经济运行机制改革、分配制度改革。在所有制改革上，我国打破单一公有制，建立了公有制为主体、多种所有制经济共同发展的所有制结构。在分配制度改革上，打破了“大锅饭”“铁饭碗”，建立了按劳分配为主体、多种分配方式并存的分配制度。

经济体制改革必然要求其他方面的改革相配套。推动政治体制改革、社会体制改革是经济体制改革的必然要求。但是，政治体制改革不能照搬西方模式，而是要坚持走符合国情的中国特色社会主义道路，坚持“四项基本原则”，坚持党的领导，推进国家治理体系与治理能力现代化。

（二）经济发展与全面改善民生的中国智慧

新中国成立 70 多年的历史证明，推动经济发展，必须重视全面改善民生。经济发展与全面改善民生的中国智慧主要体现在两个方面：坚持生产与消费相协调的发展观和坚持“改革发展成果更多更公平惠及人民群众”的发展观。

坚持生产与消费相协调的发展观。第二次世界大战以后，消费经济成为现代经济的标志，消费是发达国家经济增长的主要驱动力。美国是典型消费型国家，其消费占国内生产总值比重保持在 60%~70%，英国和日本的消费占国内生产总值比重保持在 50%~60%。观察发达国家经济发展可知，消费从来都不是直线上升的，而是“波浪式推进”，具有“繁荣、萧条、衰退、复苏”的周期性特点，消费降级与升级相互交织、相互转化。其中，消费升级是长期趋势，消费降级是短期现象，消费降级往往孕育着下一拨消费升级。

当前，我国消费市场大致处于发达国家从服务消费转向现代服务业消费、从品牌消费转向个性与理性消费的时期。2018 年我国国内生产总值首次突破 90 万亿元，人均国内生产总值约为 64644 元，最终消费占国内生产总值的 54% 以上，对国内生产总值增速的贡献率达到 76.2%，消费成为我国经济增长第一拉动力。因此，经济发展要坚持生产与消费相协调的发展观。首先，不能只重视生产，而不重视配置消费市场；其次，不能只重视重工业，而忽视轻工业，特别是在信息化时代，更要重视发展以现代服务业为核心的第三产业；最后，要通过财政、税收等多种手段，提高人均国内生产总值。在经济起步与发展初期，国内生产总值增长可以高于人均国内生产总值增长；在经济发展到了一定水平，就要求人均国内生产总值增长等于或者大于国内生产总值增长。

坚持"让改革发展成果更多更公平惠及全体人民"的发展观。民生一般是指百姓的基本生计。民生建设要体现在努力办好人民满意的教育，推动实现更高质量的就业，千方百计地增加居民收入，统筹推进城乡社会保障体系建设，提高人民健康水平，加强和创新社会管理等方面。

只有坚持"让改革发展成果更多更公平惠及全体人民"的发展观，改革发展才能赢得更广大人民群众的支持、拥护、参与，才能维护安定团结的政治局面，保持繁荣发展的经济形势。

【延伸阅读】"共和国勋章"获得者——袁隆平

获得过首届国家最高科学技术奖、"改革先锋"和未来科学大奖等荣誉的袁隆平，在新中国成立70周年之际，又获得"共和国勋章"。从第一期超级稻到第四期，以及每公顷16吨、17吨和18吨攻关目标的实现，中国杂交水稻的科研工作水平始终领先于世界。

“我们国家人口多、耕地少，保障国家粮食安全，唯一的办法就是提高单产。因此高产对于我来说，是一个永恒的主题。”袁隆平说，新中国成立前，自己亲眼见到倒伏在路边的饿殍，这让他感到痛心。于是在1949年，他报考了西南农学院。

1956年，为了响应国家“科学发展规划”，之前还在学校代教俄语的袁隆平，带着学生们开始了农学实验。1966年，袁隆平发表了论文《水稻的雄性不孕性》。这篇论文，拉开了中国杂交水稻研究的序幕。1970年，在海南发现的一株花粉败育野生稻，让杂交水稻研究打开了突破口。袁隆平给这株宝贝取名为“野败”。1973年，在第二次全国杂交水稻科研协作会上，袁隆平正式宣布籼型杂交水稻三系配套成功，水稻杂交优势利用研究取得了重大突破。

1981年，国务院将“国家技术发明特等奖”授予以袁隆平为代表的全国籼型杂交水稻科研协作组。

1986年，袁隆平正式提出杂交水稻育种战略：由三系法向两系法，再到一系法，即在程序上朝着由繁到简但效率更高的方向发展。经过多年努力，两系法获得成功，它保证了我国在杂交水稻研究领域的世界领先地位。

1996年，农业部正式立项了超级稻育种计划。4年后，第一期每亩700公斤目标于2000年实现。随后便是2004年800公斤、2011年900公斤、2014年1000公斤的“三连跳”。

“从党的十九大开始，是我们国家全面建成小康社会的决胜期，从我的角度来说，小康社会就是要从‘吃饱’向‘吃好’转变。”袁隆平说，国家强盛了，老百姓生活提高了，自己的研究当然不会止步不前。

目前，袁隆平领衔、已实施10多年的超级杂交稻“种三产四”丰产工程开始从过去强调产量，向兼顾绿色优质的目标转变。

（内容来源：周勉，《把对祖国的热忱结成饱满的稻穗》，《人民周刊》，2019年第18期）

四、中华民族不懈奋斗的伟大力量

中华民族不懈奋斗的伟大力量是智慧的力量。因为有智慧，所以有力量。中华民族不懈奋斗的伟大力量在激情燃烧的岁月中表现为奉献精神，在前赴后继的革命年代表现为英雄主义，在波澜壮阔的改革历程中表现为拼搏精神。

（一）共同奋斗的中国智慧

从小岗破冰、深圳兴涛、海南弄潮，再到浦东逐浪、雄安扬波……这一连串的中国奇迹，是亿万中国人民共同奋斗创造的奇迹，是中国人民在中国共产党的正确领导下团结奋斗创造的奇迹。

确立共同的目标。邓小平指出："我们共产党人的最高理想是实现共产主义，在不同历史阶段又有代表那个阶段最广大人民利益的奋斗纲领。因此我们才能够团结和动员最广大的人民群众，叫作万众一心。有了这样的团结，任何困难和挫折都能克服。"

每个人都努力奋斗。只有每个人都为美好梦想而奋斗，才能汇聚起实现中国梦的磅礴力量。习近平总书记强调："公平正义是中国特色社会主义的内在要求，所以必须在全体人民共同奋斗、经济社会发展的基础上，加紧建设对保障社会公平正义具有重大作用的制度。"

坚持中国共产党的领导。中国共产党是我们各项事业的领导核心。正是因为有中国共产党这个坚强的领导核心，中国人民和中华民族才迎来了从站起来、富起来到强起来的伟大飞跃。

发挥爱国统一战线的作用。自毛泽东在《〈共产党人〉发刊词》中首次明确了统一战线的地位后，统一战线就成了中国共产党人的传家宝。

（二）接力奋斗的中国智慧

接力奋斗既是一代人持续的奋斗，也是一代人与一代人之间传承的奋斗。接力奋斗的中国智慧体现了量变与质变发展规律。

接力奋斗是由一代人接一代人的奋斗串联起来的长期奋斗。建成社会主义现代化强国是一场接力跑，实现中华民族伟大复兴的中国梦需要接力奋斗。2012 年 12 月 31 日，习近平总书记在主持十八届中共中央政治局第二次集体学习时的讲话中指出，改革开放是一项长期的、艰巨的、繁重的事业，必须一代又一代人接力干下去。

接力奋斗要求青年不懈奋斗。"自古英雄出少年。"在漫漫历史长河中，中华民族青年英雄辈出。青年学生是国家的未来，青年学生是整个社会力量中最积极、最有生气的力量。历史的接力棒终将传到青年人手里。关注青年，就是关注未来；投资青年，就是投资未来。

2013 年 5 月 2 日，习近平总书记给北京大学考古文博学院 2009 级本科团支部全体同学回信说：“中国梦是国家的梦、民族的梦，也是包括广大青年在内的每个中国人的梦。‘得其大者可以兼其小。’只有把人生理想融入国家和民族的事业中，才能最终成就一番事业。”

（三）顽强奋斗的中国智慧

顽强奋斗就是要勇闯难关。习近平总书记多次用愚公移山的寓言强调顽强奋斗精神的重要性，并强调改革需要“明知山有虎，偏向虎山行”的勇气。顽强奋斗是指直面问题、与困难作坚决斗争，是攻坚克难、战胜困难的精神状态，顽强奋斗体现了党作为“先锋队”的独特品质。

艰苦奋斗是中国共产党在长期的革命、建设和改革过程中形成的优良传统和作风。毛泽东号召并倡导的艰苦奋斗精神对激励全党、全国人民积极投身革命和建设事业，克服困难、不懈奋斗，发挥了巨大的作用。在改革开放和社会主义现代化建设的新时期，邓小平再次强调了大力弘扬艰苦奋斗精神的重要意义。

2018 年 2 月 14 日，习近平总书记在 2018 年春节团拜会上指出，坚持艰苦奋斗的政治本色，就是要求保持艰苦奋斗的工作作风，坚持从群众中来、到群众中去的群众路线，坚持始终如一为人民服务的奉献精神，追求高尚的奋斗目标和人类共同的价值取向。

改革就是打破旧的观念、旧的思维、旧的规则、旧的体制。不能破旧，就无法立新。改革开放需要有大无畏的革命精神，实干才能兴邦。

“千里之行，积于跬步；万里之船，成于罗盘。”实干兴邦是改革者鲜明的品德特质。实干兴邦不是蛮干，改革开放需要有勇有谋，有中国智慧。改革开放不是请客吃饭，不是作文章，不是绘画绣花；改革开放需要大胆突破、真抓实干、先行先试。2012年11月29日，习近平总书记在国家博物馆参观《复兴之路》展览时特别提到“空谈误国，实干兴邦”这一激励人心的口号。

第三篇

唯变所适，与时偕行

文明永续发展，既需要薪火相传、代代守护，也需要顺时应势、推陈出新。世界文明历史揭示了一个规律：任何一种文明都要与时偕行，不断吸纳时代精华。我们应该用创新增添文明发展动力、激活文明进步的源头活水，不断创造出跨越时空、富有永恒魅力的文明成果。

——习近平，*2019* 年 *5* 月 *15* 日，在亚洲文明对话大会开幕式上的主旨演讲

一、传统文化中唯变所适的变通意识

“穷则变，变则通，通则久。”这句话反映了我国古代朴素唯物主义思想。“变”和“通”二字合起来，即为“变通”。“变通”一词的通俗解释，就是遇事不必死钻牛角尖，而应该懂得通融、屈伸。

唯变所适的变通意识上升到治国理政层面，就形成了中国的两大智慧：处理好义与利的关系和处理好新与旧的关系。

（一）处理好义与利的关系

既然“穷则变，变则通，通则久”的道理人人明白，为何历史上变法成功少、失败多？归根结底是因为没有处理好义与利的关系。

唯物主义者不仅不回避利益，而且重视公平、公正分配利益。处理好义与利的关系，有以下要求：第一，需要分化瓦解对手，而不是让对手团结起来；第二，不应该冀望“毕其功于一役”，如果一次性动了所有人的“奶酪”，那么，所有人就会成为变法与改革的阻力；第三，要让多数人受益，团结大多数人，在多数人受益情况下少数人也随之受益。

“做大蛋糕”与“分好蛋糕”是老生常谈。处理两者的关系，就是处理生产与分配的关系。“分好蛋糕”的关键是建立良好的制度，创造公平。第一，“分好蛋糕”不能搞绝对平均。平均主义不是社会主义，平均主义必然导致低效率，低效率必然导致贫穷，贫穷不是社会主义。第二，“分好蛋糕”不能搞“齐头并进”，需要让一部分人先富起来，一部分地区先富起来，在此基础上推动实现共同富裕。

（二）处理好新与旧的关系

变法与改革是一场以渐进方式推动的观念革命、思想革命，又是一场以和平方式推动的机制革命、体制革命。一方面，需要摆脱“惯性”，大胆突破；另一方面，需要处理好新与旧的关系。

遵循质量互变规律。质量互变规律是唯物辩证法三大规律之一。没有量变就没有质变，质变是建立在量变基础之上的。处理好新与旧的关系，实质是要求处理好传承与创新的关系，处理好量变与质变的关系。遵循质量互变规律进行变法与改革，有两方面要求：第一，化整为零，分解为不同的阶段，确定不同阶段的阶段性目标；第二，对于现有体制需要逐步改革，对于现有问题需要逐步解决。

以史为鉴。历史上，抛弃一切传统的变法与改革往往以失败而告终。以北宋王安石变法为例，变法旨在改变北宋积贫积弱局面，推行青苗法、免役法、方田均税法等有利于农业生产的变法措施。但是变法未能处理好新旧矛盾，王安石和司马光在变法之前为朋友，变法之后却成了政敌。以戊戌变法为例，它一开始就大量裁减冗官，仅京师一地，因变法而失去职务者近万人，光绪皇帝不满自己的老师、军机重臣翁同龢而将其开缺回籍，这些都操之过急，犯了冒进错误。

以史为鉴的变法与改革有两点要求：第一，团结一切可以团结的力量，尽量减少变法与改革的阻力；第二，吸收现有制度中合理的成分，处理好变法改革与稳定的关系。

二、改革开放中敢为人先的伟大革命

任何一场伟大的改革突破，都需要理论创新；任何理论创新，都植根在思想解放的土壤中。必须解放思想，打破旧观念、旧思想以及主观偏见的束缚，在思想上克服“习惯思维”“主观偏见”，研究新情况，解决新问题。

2019 年 11 月 8 日，我国著名摄影家张兆增《北京十年（1980—1990）》摄影展开幕式暨画册首发式在北京 798 艺术区映画廊举行。

（一）改革开放中思想解放的中国智慧

“真理标准问题大讨论”是中国近现代史上继五四运动、延安整风运动之后又一次伟大的思想解放运动。开展“真理标准问题大讨论”，拉开了改革开放的历史序幕。这场大讨论为党的十一届三中全会胜利召开，为把党和国家的工作重心转移到经济建设上来，为开辟中国特色社会主义道路提供了思想牵引，成了改革开放的思想先导。1978 年 12 月党的十一届三中全会召开，12 月 13 日，邓小平在会上发表了《解放思想，实事求是，团结一致向前看》的重要讲话，高度评价了“真理标准问题大讨论”，把解放思想提到了特别重要的地位。

改革开放推动了中国人生活方式的变化，即从单一、封闭逐步向多样化、个性化转变。1992 年邓小平视察南方并发表谈话是一件对中国乃至世界都意义深远的大事件。长篇通讯《东方风来满眼春》由时任《深圳特区报》副总编辑的陈锡添撰写，文章刊登在 1992 年 3 月 26 日《深圳特区报》头版头条位置。文章一经刊发，即引来巨大反响。自此，“敢为天下先”“先走一步”“敢闯敢试”等新提法、新观念迅速流行起来。

（二）改革开放中理论创新的中国智慧

“苟日新，日日新，又日新。”中华民族自古就有创新精神，思想解放运动推动了理论创新。理论创新主要集中在社会主义发展阶段理论、所有制理论、经济运行体制理论这三个方面。

党的十一届三中全会拉开了改革开放的序幕。1981年党的十一届六中全会通过的《关于建国以来党的若干历史问题的决议》，首次把社会主义划分为不同的发展阶段，指出我国的社会主义制度还处于初级阶段，初级阶段将长期存在。

公有制为主体、多种所有制经济共同发展。党的十四大明确提出建立社会主义市场经济体制的改革目标，之后对于混合所有制经济的内涵、非公有制经济的地位，以及公有制与市场经济相结合的有效形式等方面的认识不断深化。党的十五大明确提出，公有制为主体、多种所有制经济共同发展是我国社会主义初级阶段的一项基本经济制度。党的十六大进一步丰富了基本经济制度的内涵，提出“两个毫不动摇”的原则，即毫不动摇地巩固和发展公有制经济，毫不动摇地鼓励、支持、引导非公有制经济发展。

党的十八大以来，中国共产党围绕坚持“两个毫不动摇”，在理论和实践上实现了一系列重要创新，把对基本经济制度的认识提到了新的高度。

社会主义市场经济体制理论。党的十八届三中全会提出“使市场在资源配置中起决定性作用和更好发挥政府作用”，进一步深化了对社会主义市场经济规律的认识，明确了加快完善社会主义市场经济体制的重点任务。

习近平总书记在党的十九大报告中指出：“加快完善社会主义市场经济体制。经济体制改革必须以完善产权制度和要素市场化配置为重点，实现产权有效激励、要素自由流动、价格反应灵活、竞争公平有序、企业优胜劣汰。”

（三）改革开放中体制改革的中国智慧

“一大二公”是指人民公社第一规模大，第二公有化程度高。1981 年 6 月，党的十一届六中全会通过的《关于建国以来党的若干历史问题的决议》中指出：“由于对社会主义建设经验不足，对经济发展规律和中国经济基本情况认识不足……没有经过认真的调查研究和试点，就在总路线提出后轻率地发动了‘大跃进’运动和农村人民公社化运动，使得以高指标、瞎指挥、浮夸风和‘共产风’为主要标志的‘左倾’错误严重地泛滥开来。”

突破计划经济，从所有制改革入手。1980 年 12 月 11 日，章华妹从温州市工商局领到了一份特殊的营业执照，这是改革开放后中国第一份个体工商营业执照。从个体小本买卖到联户经营、股份合作、私营企业、集团公司、股份制公司、上市公司……一个又一个伟大的企业、一位又一位伟大的企业家将中国从一个农业大国推上了制造业大国，成为“世界工厂”。截至 2018 年，中国制造业市场结构中民营企业占比 60.2%，外商投资企业占比 11%，两者合计占比 70% 以上。

突破计划经济，就要从另一个角度建立一个新的经济运行体制与机制，那就是中国特色社会主义市场经济体系。中国特色社会主义市场经济体系由一系列重大决策部署构成。

持续推动国有企业改革。国企改革涉及面广、难度大，因此，是在农村改革之后实施的。1986 年 12 月 5 日，国务院出台《关于深化企业改革增强企业活力的若干规定》，进行股份制试点，拉开了以国企改革为重点的城市经济体制改革的序幕。到1987年年底，全国国有大中型企业普遍实行了承包制。随后国企改革从承包制转向建立现代企业制度。

1993年11月，党的十四届三中全会通过了《中共中央关于建立社会主义市场经济体制若干问题的决定》，提出国有企业的改革方向是“建立适应市场经济要求，产权清晰、权责明确、政企分开、管理科学的现代企业制度”，使企业成为自主经营、自负盈亏、自我发展、自我约束的法人实体和市场竞争主体。

1999年，党的十五届四中全会提出，国有大中型企业尤其是优势企业，要通过股份制改革，发展混合所有制经济，重要的企业由国家控股，并逐步上市。

三、历史进程中永不止步的改革创新

改革永不止步，创新永无止境。中国改革开放已经走过千山万水，仍需跋山涉水。新中国成立 70 多年来向世界贡献的改革创新智慧体现为：

一是发展思路：在改革开放初期，确定“摸着石头过河”，在中国经济进入新常态阶段，确定“加强顶层设计”；二是发

2018 年 6 月，北京中关村中钢科技创新创业中心揭牌。

展理念：随着改革开放的推进，逐步形成了“三个自信”，党的十八大以来在“三个自信”的基础上增加了文化自信，形成了“四个自信”；三是发展方略：在改革开放初期，提出了“三步走”战略，党的十八大以来确定了“两个一百年”奋斗目标。

（一）从“摸着石头过河”到“加强顶层设计”的中国智慧

从“摸着石头过河”到“加强顶层设计”的转变，体现了在发展思路上的中国智慧。

改革开放初期，有一句话十分流行——“摸着石头过河”，这句话形象地表达了辩证唯物主义的工作方法。改革开放以来，设立经济特区，实行农村家庭联产承包责任制，“双轨制”价格改革、国企改革、财税改革、外贸改革、医疗改革、教育改革、社保改革，无不体现着“摸着石头过河”的发展思路。

如果说改革开放初期“摸着石头过河”是自下而上的发展思路，那么在中国经济进入新常态、改革开放进入深水区阶段，“加强顶层设计”就是自上而下的运筹帷幄。党的十八大之后，确定了“加强顶层设计”的发展思路。习近平总书记指出：“全面深化改革需要加强顶层设计和整体谋划，加强各项改革的关联性、系统性、可行性研究。”

（二）从“三个自信”到“四个自信”的中国智慧

从“三个自信”到“四个自信”的转变，体现了中国智慧在发展理念上的与时俱进。

“三个自信”源于对中国特色社会主义的坚定信念。2012年11月，胡锦涛在十八大报告中首次提出了“三个自信”：“只要我们胸怀理想、坚定信念，不动摇、不懈怠、不折腾，顽强奋斗、艰苦奋斗、不懈奋斗，就一定能在中国共产党成立100年时全面建成小康社会，就一定能在新中国成立100年时建成富强民主文明和谐的社会主义现代化国家。全党要坚定这样的道路自信、理论自信、制度自信！”

在坚持“三个自信”的基础上增加文化自信。2016年7月1日，习近平总书记在庆祝中国共产党成立95周年大会上指出：“全党要坚定道路自信、理论自信、制度自信、文化自信。当今世界，要说哪个政党、哪个国家、哪个民族能够自信的话，那中国共产党、中华人民共和国、中华民族是最有理由自信的。”将原有的“三个自信”扩展为包括文化自信在内的“四个自信”。

2018年5月4日，习近平总书记从理论的高度阐述了文化自信的意义。他说：“理论自觉、文化自信，是一个民族进步的力量；价值先进、思想解放，是一个社会活力的来源。国家之魂，文以化之，文以铸之。”

（三）从“三步走”到“两个一百年”的中国智慧

从“三步走”到“两个一百年”的转变，体现了中国智慧在发展方略上的与时俱进。

改革开放初期，将建设社会主义现代化强国的战略目标划分为“三步走”。“三步走”是邓小平在1987年4月提出的基本实现现代化的战略部署。1987 年 10 月，党的十三大把邓小平“三步走”的发展战略构想确定下来。第一步，从 1981 年到 1990 年，实现国民生产总值比 1980 年翻一番，解决人民的温饱问题；第二步，从 1991 年到 20 世纪末，使国民生产总值再翻一番，人民生活达到小康水平；第三步，到 21 世纪中叶，人均国民生产总值达到中等发达国家水平，人民生活比较富裕，基本实现现代化。目前，解决人民温饱问题、人民生活总体上达到小康水平这两个目标已提前实现。

“两个一百年”奋斗目标的提出。党的十五大首次提出“两个一百年”奋斗目标。党的十六大、党的十七大作了进一步的强调。2012 年，党的十八大发出了向实现“两个一百年”奋斗目标进军的时代号召。党的十九大制定了全面建成社会主义现代化强国的时间表、路线图。

“两个一百年”奋斗目标指的是，到 2020 年中国共产党成立 100 年时实现第一个百年奋斗目标——全面建成小康社会；到 21 世纪中叶中华人民共和国成立 100 年时实现第二个百年奋斗目标——建成富强民主文明和谐的社会主义现代化国家。

而综合分析国际国内形势和我国发展条件，从 2020 年到 21 世纪中叶可以分两个阶段来安排：第一个阶段，从 2020 年到 2035 年，在全面建成小康社会的基础上，再奋斗 15 年，基本实现社会主义现代化；第二个阶段，从 2035 年到 21 世纪中叶，在基本实现现代化的基础上，再奋斗 15 年，把我国建成富强民主文明和谐美丽的社会主义现代化强国。

【全球视野】中国5G产业链有国际竞争优势

据《中国5G经济报告2020》中显示，中国将成为全球最大的5G市场，中国5G产业链已具有国际竞争优势。该报告由中国国际经济交流中心、国经咨询有限公司及中国信通院组成课题组开展研究并撰写发布。

报告称，在技术标准方面，中国倡导的5G概念、应用场景和技术指标已纳入国际电信联盟（ITU）的5G定义，中国企业提出的灵活系统设计、极化码、大规模天线和新型网络架构等关键技术已成为国际标准的重点内容。

截至2019年5月，全球共有28家企业声明了5G标准必要专利，中国企业声明数量占比超过30%，居首位。

在产业发展方面，中国率先启动5G技术研发试验，加快了5G设备研发和产业化进程，中国5G产业发展的关键要素都已齐备，包括频率、芯片、终端、运营商等。这得益于中国5G产业链中公司的快速成长，如主流设备公司华为、中兴、烽火等，运营商及基础设施公司中国移动、电信、联通、中国铁塔等，PCB、光通信及上游原材料公司等也布局积极。

报告称，移动终端是第一批收获5G红利的行业。5G手机成熟速度快于3G和4G。随着5G技术的快速成熟，5G换机潮即将到来。

报告还称，中国将是全球最大的5G市场。到2025年，中国将占据全世界30%的连接，这意味着中国将是全球最大的5G

市场。

由于5G设备成本较高，5G网络投资规模将是4G的2至3倍。据报告预计，2020年至2025年，5G网络总投资额在0.9万亿至1.5万亿元人民币。据投中研究院不完全统计，中国当前与5G主题相关的产业基金目标规模已近千亿元规模。

（2019年12月14日，中国新闻网，http://www.ce.cn/xwzx/gnsz/gdxw/201912/14/t20191214_33855376.shtml）

第四篇

不偏不倚的中庸之道

以和为贵，与人为善，己所不欲，勿施于人等理念在中国代代相传，深深植根于中国人的精神中，深深体现在中国人的行为上。

——习近平，2014年5月15日，在中国国际友好大会暨中国人民对外友好协会成立60周年纪念活动上的讲话

一、传统文化中过犹不及的理性自觉

哲学与治国理政层面的“中庸”不是贬义词，“中庸”不是“平庸”，中庸之道不是平庸之道，那种把中庸之道等同于“和稀泥”“踢皮球”“打太极”的看法，是对中庸之道的误解。

作为中国智慧最重要的内容之一，中庸之道是辩证之道，它秉承矛盾论精髓，传递着多重信息。不偏不倚的中庸之道上升到治国理政层面，形成了两大核心的中国智慧：治国理政应当顺应民意，治国理政应当追求和谐。

中庸之道受到儒、释、道的推崇。孔子在《论语·雍也》中说：“中庸之为德也，其至矣乎！民鲜久矣。”这句话是说人的道德如果能达到中庸，就是最高的道德，民众一直在努力追求。

《中庸》中有言：“天下国家可均也，爵禄可辞也，白刃可蹈也，中庸不可能也。”这句话是说天下国家可治理，官爵俸禄可放弃，雪白刀刃可丢弃，中庸却不易做到。

《孟子·离娄上》中讲：“诚者，天之道也；思诚者，人之道也。”这句话是说作为道德修养境界的“诚”是天赋予人的，努力追求“诚”是人生目标，要实现这一目标，就须做到“博学之，审问之，慎思之，明辨之，笃行之”。

主张“天人合一”。这里的“天”可以理解为自然界，以及物质世界的运行规律。“天人合一”可以理解为人的认识要与物质世界的运行规律一致、合拍、同步。物质世界的发展需要遵循否定之否定规律，天人合一之道要求认识到自然界否定之否定规律的特点，认识世界、解释世界，以及改造世界，需要顺应世界发展变化的规律，主张和谐之道。中庸之道提倡不偏不倚，反对极端。从认识论的角度来说，要求遵循全面、客观、公正的原则。

文王被拘而著《周易》，仲尼困厄而著《春秋》，屈原被放逐而赋《离骚》，左丘失明而著《国语》，孙膑遭膑刑而修兵法，吕不韦被贬而著《吕氏春秋》，韩非被囚而著《说难》《孤愤》，司马迁忍受刑辱而著《史记》。这些历史典故都体现了“祸兮，福之所倚；福兮，祸之所伏”的唯物辩证主义思想。

但是，福与祸的转换需要一定的条件。这个条件就是“不偏不倚”。在顺境中要谦虚谨慎，戒骄戒躁；在逆境中要百折不挠，勤奋刻苦。狂妄自大易滋生灾祸，由福转祸；反之亦然。

《老子》中有言：“多言数穷，不如守中。”意思是说，不偏不倚的核心就是把握好“度”。“子贡问：‘师与商也孰贤？’子曰：‘师也过，商也不及。’曰：‘然则师愈与？’子曰：‘过犹不及。’”（《论语·先进》）俗话讲“过犹不及，事缓则圆”，如果不把握好“度”，好事会变成坏事，喜剧会变成悲剧。历史上的智者无不懂得“适可而止”“见好就收”的道理。

二、中国模式中循序渐进的发展策略

新中国成立70多年向世界贡献的中国智慧源自历史，也源自现实。

我国循序渐进的发展策略传递着中庸智慧：“骐骥一跃，不能十步；驽马十驾，功在不舍。”循序渐进的发展模式蕴含的中国智慧体现为：先“村”后“城”的改革路径、先“点”后“面”的对外开放、先“统”后“放”的外贸改革、先“易”后“难”的国企改革。

（一）先“村”后“城”的改革路径

正如中国革命的策略是“农村包围城市”，改革开放的策略也是“农村包围城市”。

改革伊始，以安徽凤阳小岗村为代表的部分地方率先实行“大包干”改革，也就是家庭联产承包责任制改革。1978—1984年主要是普及家庭联产承包责任制。家庭联产承包责任制的年限，也经历了一个从“短”到“长”的过程，体现了循序渐进、“摸着石头过河”的改革思路。1984年中央一号文件规定，土地承包期一般应在15年以上。1993年，中央十一号文件规定，在原定的耕地承包期到期之后，再延长30年不变。

2008年十七届中央委员会第三次全体会议审议通过了《中共中央关于推进农村改革发展若干重大问题的决定》，赋予农民更加充分而有保障的土地承包经营权，现有土地承包关系要保持稳定并长久不变。《中华人民共和国农村土地承包法》以及《中华人民共和国物权法》等对此进一步做了细化部署。党的十九大报告中明确指出，保持土地承包关系稳定并长久不变，第二轮土地承包到期后再延长30年。

在进行农村改革的第七年，城市改革启动了。1986年3月10—16日，国务院在北京召开第一次全国城市经济体制改革工作会议。会议要求1986年的城市经济体制改革要贯彻巩固、消化、补充、改善的方针，搞活和开拓市场，加强和完善市场管理，加强和改善宏观控制，把发展横向经济联合作为一项重要工作。

【国策展望】 全面推开农村集体产权制度改革试点

2020年3月11日，农业农村部办公厅发布关于做好2020年农业农村政策与改革相关重点工作的通知，提出全面推开农村集体产权制度改革试点，审慎稳妥地开展第二轮土地承包到期后再延长30年试点工作，有序地规范农村承包土地经营权流转等一揽子“三农”领域重点改革方案。

通知要求，全面推开农村集体产权制度改革试点。已有的15个整省试点省份要做好检查验收，非整省试点省份要全面推开改革，力争改革覆盖面扩大到所有涉农县（市、区）。有条件的地方可先行开展农村集体经济组织相关立法探索，为国家立法积累经验。

在土地承包延包试点上，分批开展第二轮土地承包到期后再延长30年试点，已申报延包试点的地区按批复的试点方案抓紧组织开展试点工作。2021年前到期的地区，应在省级农业农村部门指导下尽快开展试点。及时总结经验，结合实际，探索形成可复制、可推广的延包模式，推动研究完善相关配套政策。

农业农村部表示，2020年是打赢脱贫攻坚战、实现全面小康的收官之年，也是谋划“十四五”、深入实施乡村振兴战略的关键之年。实现农业全面升级、农村全面进步、农民全面发展，需要更加成熟和完善的“三农”工作制度框架和政策体系。要加强政策研究，深化改革探索，加快补短板、强弱项。

（内容来源：2020年3月12日，新华网，http://www.xinhuanet.com/2020-03/12/c_1125699083.htm）

（二）先“点”后“面”的对外开放

对外开放经历了以经济特区和沿海开放城市为起点，从沿海到内陆，逐步深入，最终建设全方位、多渠道、多层次对外开放格局的循序渐进过程。

建立经济特区。经济特区的设立，是我国对外开放的突破口和开创性措施。中国对外开放从经济特区的“点”扩大到沿海开放的“线”。1984 年，开放大连、秦皇岛等沿海城市。1988 年设立海南经济特区。随后，中国对外开放从沿海开放的“线”扩大到全面开放的“面”。1992 年邓小平发表南方谈话，党的十四大作出建立社会主义市场经济体制的决定，中国对外开放向纵深发展。1992 年中国加快改革开放后，经济特区模式移到国家级新区，上海浦东等国家级新区新的特区扩大改革等发展起来，成为中国新一轮改革的重要标志。同时，相继开放了重庆等 6 个沿江港口城市、14 个陆地边境城市，形成沿周边国家的东北、西北、西南三大开放地带。

1999 年，党的十五届四中全会确定西部大开发战略。自此，中国对外开放从“线”扩大到“面”，形成全方位对外开放格局。2001 年 12 月 11 日，中国正式成为世贸组织成员，对外开放从全面开放的“面”扩大到全方位的“立体”开放，中国经济与世界经济全面接轨。

（三）先“统”后“放”的外贸改革

对外贸易曾是拉动中国经济发展的“三驾马车”之一。亚当·斯密在《国富论》中高度重视发展对外贸易，指出国家对外贸易的目标是“国强民富”。

在改革开放的不同时期，我国先后提出过“进口替代”“出口替代”“三来一补”“多元化市场”“以质取胜”“科技兴贸”“调整外贸结构、扩大内需战略”等对外贸易策略。我国外贸改革主要有四条主线：一是从鼓励出口到进出口并重；二是从鼓励招商引资到招商引资与鼓励“走出去”并重；三是从商品贸易到商品贸易与服务贸易并重；四是从统一外贸权到下放外贸权。

2001 年中国加入世贸组织，这是中国现代化建设中具有历史意义的一件大事，对 21 世纪中国经济发展和社会进步产生了重要而深远的影响，标志着中国对外开放事业进入一个新的阶段。

2017 年 1 月 17 日，习近平主席在世界经济论坛 2017 年年会开幕式上指出：“当年，中国对经济全球化也有过疑虑，对加入世界贸易组织也有过忐忑。但是，我们认为，融入世界经济是历史大方向，中国经济要发展，就要敢于到世界市场的汪洋大海中去游泳，如果永远不敢到大海中去经风雨、见世面，总有一天会在大海中溺水而亡。这是正确的战略抉择。”

【对外开放】《外商投资法》实施见证更好的“中国市场”

“今年我们要重点把《外商投资法》落实好，营造公平竞争的市场环境，保护外商合法权益，保护知识产权，增强外商长期在中国投资的信心，让外商愿意来、留得住、有发展。”5 月 18 日，在国新办举行的稳住外贸外资基本盘推动商务高质量发展发布会上，商务部部长钟山掷地有声地表示。

2019年3月，十三届全国人大二次会议表决通过《中华人民共和国外商投资法》，一部新时代中国外商投资领域新的基础性法律诞生。2020年1月1日，《外商投资法》和《实施条例》正式生效，我国对外开放开启了新的篇章。

事实上，自诞生之日起，《外商投资法》就备受关注，成为中国打造国际化、法治化、便利化营商环境的有力佐证，也成为中国制度优势的最好体现。

“进一步巩固外资管理体制改革成果，全面取消商务部门对外商投资企业设立和变更事项的审批和备案，实施好信息报告制度，变事前管理为事中事后监管，最大限度地便利外商投资。”外资司司长宗长青表示，过去，商务部门依据“外资三法”对外资企业设立及变更事项实行“逐案审批”。2020年1月1日《外商投资法》生效，外资企业设立和变更事项的审批和备案全面取消，变事前管理为事中事后监管，外商投资更加便利。

在商务部新闻发言人高峰看来，坚持内外资一致是新外商投资法的一项重要原则。商务部对外商投资企业平等适用支持企业发展的各项政策、平等参与标准制定、公平参与政府采购等进行了明确规定。

“外商投资法实施条例对于相关规定又作了细化，进一步增强了法律制度的可操作性。”高峰直言，为确保制度落实，对于不依法平等对待内外商投资企业、违法限制外商投资企业平等参与标准制定、在政府采购中对外商投资企业实行差别或者歧视性待遇等违法行为，实施条例设定了严格的法律责任。这都将为内外资企业公平竞争提供充分的法律保障。

（内容来源：2020 年 5 月 22 日，中国商务新闻网，https://baijiahao.baidu.com/s?id=1667372218161483702&wfr=spider&for=pc 节选）

（四）先“易”后“难”的国企改革

企业是经济的基本单位，搞活企业，才能搞活经济。改革开放初期，推动经济体制改革，必然要求进行国企改革。按照循序渐进的发展策略，首先，国企改革中应该制定先“易”后“难”的策略；其次，在推动国企改革的同时，要配套推出经济体制与管理体制的改革；最后，国企改革必然是在有的领域“进”，在有的领域“退”，国企退出的领域，需要有新的经济形态出现。

改革开放 40 多年来，国企改革先后经历了放权让利、建立现代企业制度和国有资产监管等阶段，当前国企改革已进入新时代。党的十八届三中全会确定了新时代国企改革的路线图，决定以“管资本为主”和混合所有制作为突破口。党的十九大报告中明确指出，要推动国有资本做强做优做大，深化国企改革，发展混合所有制，培育一批具有全球竞争力的世界一流企业。

配合国企改革推动一系列管理体制改革。从 1981 年开始，国家允许企业在完成计划的前提下自销部分产品，其价格由市场决定。这样就产生了国家指令性计划的产品按国家规定价格统一调拨、企业自行销售的产品价格根据市场所决定的双轨制。价格双轨制是指中国经济体制向市场经济过渡过程中的一种特殊的价格管理制度，有利有弊，也有时效性。随着市场经济体制的建立，双轨制也退出了历史舞台。

从20世纪90年代开始，各类经济体制改革配套推出。1993年，推行了分税制改革、金融体制改革。1994年进行了分税制财政管理体制改革，1995年开始对政府间财政转移支付制度进行了改革，2002年进行了所得税收入分享改革，基本上建立起了适应社会主义市场经济要求的财政体制框架。

1993年12月25日，国务院作出《关于金融体制改革的决定》。通过金融体制改革，确立中国人民银行作为独立执行货币政策的中央银行的宏观调控体系、政策性银行与商业银行分离的金融组织体系。

【冷静深思】 中国模式为何拒绝“休克疗法”?

“休克疗法”由美国经济学家杰弗里·萨克斯引入经济领域。他在担任玻利维亚政府经济顾问期间，提出了一整套经济纲领和经济政策。

主要内容是经济自由化、经济私有化、经济稳定化，实行紧缩的金融和财政政策。主要手段是在短时间内采用一套新的经济运行模式取代旧的经济运行模式。如同手术注射麻醉剂，在休克之后经过手术治疗，变成一个健康的人。人可以采用“休克疗法”，但是将“休克疗法”用于经济改革，则忽略了经济体系的复杂性，迄今没有成功的案例。

在从计划经济向市场经济转型的过程中，俄罗斯采用了“休克疗法”。

1992 年年初，一场以“休克疗法”为模式的改革，在俄罗斯全面铺开。“休克疗法”分三步走：第一步是放开物价，从 1992 年 1 月 2 日起，俄罗斯放开 90% 的消费品价格和 80% 的生产资料价格；第二步是同时推出财政、货币“双紧”政策与物价改革；第三步是大规模推行私有化。

三步棋走完，俄罗斯国内生产总值几乎减少了一半，国内生产总值只有美国的 1/10。由于改革的失败，时任俄罗斯副总理盖达尔不得不于 1994 年 1 月 16 日被迫辞职。叶利钦也被迫在 1994 年 2 月的国情咨文中宣布放弃“休克疗法”的改革，并在 1996 年大选时承认过去在改革中试图抄袭西方经济改革的做法是错误的。

中国模式之所以拒绝“休克疗法”，不言自明！

（内容来源：《中国智慧》，赖明明，天津人民出版社出版，2019 年 10 月）

三、中国方案中不偏不倚的战略抉择

战略与战术分属不同的层面。战略是一种谋划实现全局目标的规划，战术只是实现战略的手段之一。战术选择错误，尚可弥补；战略选择错误，结局注定失败。

新中国成立70多年来，特别是改革开放40多年来，我国选择了正确的战术，确定了循序渐进的发展策略，也选择了正确的战略，确定了不偏不倚的战略抉择。新中国成立70多年在战略抉择层面向世界贡献的智慧主要体现为：一是内政战略选择中国特色社会主义；二是外交战略选择独立自主的和平外交政策。

（一）中国特色社会主义的中国智慧

中国特色社会主义是改革开放伟大实践凝聚成的中国智慧。

新中国成立初期，我国走以“一化三改造”为核心内容的过渡时期总路线，建立了以高度集中的计划经济为特质的社会主义。同时，社会主义在国际上受到了苏联霸权主义与大国沙文主义的影响。柏林墙的建造已经证明，苏联实行的以高度集中的计划经济为特质的社会主义制度在与资本主义制度的竞争中败下阵来。

因此，改革开放面临的第一个战略抉择就是如何看待社会主义。在这个战略抉择问题上，中国智慧体现在：将社会主义与苏联实行高度集中的政治经济体制的社会主义切割；将科学社会主义与中国国情结合，探索中国特色社会主义；在坚持四项基本原则的基础上与前提下，推动建设社会主义市场经济体制；将发展经济、解放生产力、提高人民生活水平作为改革开放以来党的工作重点，始终坚持将经济发展与改善民生同步。

我国一方面向僵化的社会主义说“不”，另一方面向否定社会主义说“不”，在改革开放中走出了一条中国特色社会主义道路。

1987 年，党的十三大报告标题是《沿着有中国特色的社会主义道路前进》；1992 年，党的十四大报告标题是《加快改革开放和现代化建设步伐，夺取有中国特色社会主义事业的更大胜利》；1997 年，党的十五大报告标题是《高举邓小平理论伟大旗帜，把建设有中国特色社会主义事业全面推向二十一世纪》。

自党的十六大开始，历次党的全国代表大会的报告标题中，“中国特色社会主义”都是主题词。2002 年，党的十六大报告标题是《全面建设小康社会，开创中国特色社会主义事业新局面》；2007 年，党的十七大报告标题是《高举中国特色社会主义伟大旗帜，为夺取全面建设小康社会新胜利而奋斗》；2012 年，党的十八大报告标题是《坚定不移沿着中国特色社会主义道路前进，为全面建成小康社会而奋斗》；2017 年，党的十九大报告标题是《决胜全面建成小康社会，夺取新时代中国特色社会主义伟大胜利》。

（二）独立自主的和平外交政策的中国智慧

中华人民共和国成立以后，毛泽东把中国共产党在长期革命斗争中形成的独立自主、自力更生的原则运用到中国的对外关系中，确定了新中国外交主旋律。

20 世纪 70 年代末以来，世界格局发生了重大变动。世界多极化的趋势逐渐显现，国际形势总体上出现了相对和平的发展趋势。尽管局部地区战争仍时有发生，但制止战争的因素也在逐步增加。总之，世界要和平，人民要合作，国家要发展，社会要进步，和平与发展成为时代发展的潮流。邓小平根据世界经济与政治发生的重大变化，及时提出“和平与发展已经成为当今世界的两大主题”的科学论断。

中国独立自主的和平外交智慧，主要体现在三个方面：一是始终坚持独立自主外交政策；二是始终坚持和平外交政策；三是始终反对霸权主义、强权政治、单边主义。

独立自主外交政策体现了不偏不倚的中国智慧。事实上，在毛泽东时期就已经有了独立自主外交政策，但正式把中国外交定义为“独立自主的和平外交”是在邓小平时期。

1982 年 9 月 1 日，在党的十二大上，邓小平正式提出了中国独立自主外交政策的概念。1984 年 5 月，邓小平把中国对外政策概括成独立自主外交，指出“中国的对外政策是独立自主的，是真正的不结盟”，具体体现为：不结盟、不孤立、不对抗、不针对第三国、进行全方位外交活动。其核心是不结盟。这就体现了不偏不倚的中国智慧。

和平发展外交政策体现了以和为贵的中庸之道。发展经济，推进改革开放，需要和平的国际环境。和平有助于发展，发展可以巩固和平。和平与发展成为改革开放以来中国外交政策的中心思想。

中国重视发展同周边国家的睦邻友好关系，重视加强与广大发展中国家团结合作，重视加强与各大国拓展合作领域，推进相互关系长期稳定健康发展，重视参与联合国维和行动，以及多边事务和全球治理。正是由于长期坚持和平发展外交政策，中国成为维护世界和平、促进全球经济增长的重要力量。中国也在和平与发展的国际大环境下，成功实现了和平崛起。

习近平总书记指出，放眼全球，我们正面临百年未有之大变局。无论国际风云如何变幻，中国维护国家主权和安全的信心和决心不会变，中国维护世界和平、促进共同发展的诚意和善意也不会变。

【共建共享】2020，“一带一路”起笔有力

1月6日，北京雪后初霁。人民大会堂迎来2020年第一位到访的外国元首——基里巴斯总统马茂。

不久前，习近平主席在新年贺词中说：“世界上又有一些国家同我国建交，我国建交国达到180个。我们的朋友遍天下！”这第180个朋友，正是太平洋岛国基里巴斯。

2019年9月，在一个中国原则基础上，中国同基里巴斯恢复外交关系。三个多月后，马茂总统应邀对华进行国事访问。

“总统先生和基里巴斯政府站在了历史的正确一边，充分体现了战略眼光和政治魄力，中方对此高度赞赏。”习近平主席在会谈中这样表示。他说，马茂总统的这次来访，是中基关系发展的“重要里程碑”。

浩渺无垠的南太平洋，大小岛屿星罗棋布。太平洋岛国地处中国大周边和21世纪海上丝绸之路延伸地带，是亚太大家庭重要成员。

对中国与太平洋岛国发展友好关系，习近平主席历来高度重视。他多次表示，中国秉持正确义利观和真实亲诚理念同太平洋岛国加强团结合作。我们在岛国没有私利，不谋求所谓“势力范围”，将永远做值得岛国信赖的好朋友、好伙伴。

而基里巴斯之所以能排除干扰、作出同中华人民共和国复交的重大决定，用马茂总统的话说，正是“基于对中国的信任和信心”。他此前也表示，基方日益认识到，要实现国家发展，需要中国这样的伟大兄弟和朋友。

德不孤，必有邻。

这是一份近年中国“结交朋友”的时间表——2016年，冈比亚、圣多美和普林西比；2017年，巴拿马；2018年，多米尼加、布基纳法索、萨尔瓦多；2019年，所罗门群岛、基里巴斯……四年间，8个国家同中国建交、复交，充分说明一个中国原则是大势所趋、人心所向。

“我们的朋友遍天下”，缘于国际社会对中国理念、中国方案的真诚认同。

“中方一贯坚持大小国家一律平等”“中国坚持走和平发展道路，不搞‘国强必霸’”“中方尊重基方自主选择符合自身国情的发展道路”……在同马茂总统会谈中，习近平主席的话，传递着中国独立自主和平外交政策的一贯原则。

中基关系曾走过一段弯路。遇到过曲折，才更清楚正确的方向；经历过风雨，必将迎来更灿烂的彩虹。正如习近平主席曾讲的：“友好不分先后，只要开展起来，就会有光明的前景。”中基复交以来，双方各领域、各层级交流合作蓬勃开展，取得了不少早期收获。

“事实证明，中基复交符合两国人民共同利益，两国关系发展前景广阔。”会谈中，习近平主席对马茂总统说。

特别值得一提的是，会谈后，中基两国元首共同见证了两国共建“一带一路”谅解备忘录的签署。这标志着中国同所有10个建交太平洋岛国都签署了共建“一带一路”合作文件。

会谈还透露了一个好消息：中方已经批准基里巴斯为中国公民组团出境旅游目的地国。基里巴斯是全世界唯一一个同时横跨东、西、南、北四大半球的国家，也是横跨国际日期变更线、最早迎来新年的国家。想去基里巴斯看看的人们，可以着手准备了。

（内容来源：2020年1月10日，新华视点，http://china.chinadaily.com.cn/a/202001/10/WS5e17d1e7a31099ab995f665d.html 节选）

第五篇

以民为本的民本思想

民心是最大的政治，正义是最强的力量。正所谓“天下何以治？得民心而已！天下何以乱？失民心而已！”社情民意是观察政治问题的晴雨表。

——习近平，2016年1月12日，在第十八届中央纪律检查委员会第六次全体会议上的讲话

一、传统文化中以民为本的治国理念

新中国成立70多年来向世界贡献了以民为本的民本思想智慧。

所谓民本，是相对于君本、官本而言的。《书·五子之歌》中有言："民惟邦本，本固邦宁。"民本思想，顾名思义就是以民为本的思想，要求中国古代的明君、贤臣以民为本，重民、爱民、富民。

（一）以民为本的治国理念要求爱民

爱民是以民为本治国理念的重要内容。爱民，就要顺应民心。"世界潮流浩浩荡荡，顺之者昌，逆之者亡。"同样的道理，治国理政要听政于民，执政为民，不与民争利。

孔子提出"节用而爱人，使民以时"，墨子主张"兼相爱，交相利"。《三国志》中言："夫与民共其乐者，人必忧其忧；与民共有其忧者，人必拯其危。"郑板桥言："衙斋卧听萧萧竹，疑是民间疾苦声。些小吾曹州县吏，一枝一叶总关情。"

听政于民就是顺应民心，民心向背决定着政权稳定与否。《书·梓材》中言："欲至于万年，惟王子子孙孙永保民。"贾谊言:“国以民为本,君以民为本,吏以民为本。”这些都体现了顺应民心的重要性。

执政为民。以民为本的治国理念要求执政为民。《老子》中言:“圣人无常心,以百姓之心为心。”《孟子》中言:“乐民之乐者,民亦乐其乐;忧民之忧者,民亦忧其忧。乐以天下,忧以天下,然而不王者,未之有也。”《吕氏春秋》中言:“故凡举事,必先审民心,然后可举。”

不与民争利。《管子·形势解》中言:“上施厚,则民之报上亦厚;上施薄,则民之报上亦薄。”“有道则民归之,无道则民去之。”《晏子春秋》中言:“意莫高于爱民,行莫厚于乐民。”《淮南子·修务训》中言:“公正无私,一言而万民齐。”

历代兴衰史反复发出预警:官与民争利,就是政权衰败的征兆;一旦官与民争利有恃无恐,则政权距离分崩离析就不远了。

(二)以民为本的治国理念要求富民

解决好温饱问题。“民以食为天。”中国是一个传统农业国家,农业是经济的根本。耕地的拓展与分配,耕作技术的改进,新农具的发明,这些都是经济发展、民生改善、社会稳定的基础。

《国语》中言:“夫民之大事在农,上帝之粢盛于是乎出,民之蕃庶于是乎生,事之供给于是乎在,和协辑睦于是乎兴,财用蓄殖于是乎始。”《管子》中言:“取于民有度,用之有止,国虽小必安;取于民无度,用之不止,国虽大必危。”“善为民除害兴利,故天下之民归之。”

重视发展农业是中国历代统治者治国理念的核心，历代统治者大多重视水利的兴修，通过土地制度与赋税制度调整生产关系，促进农业发展。

处理好土地问题。中国古代土地问题最集中的反映就是土地兼并问题。中国历代农民起义、朝代更迭，导火索是不同的，但是大都存在严重的土地兼并问题。所以，开明的统治者大多一方面拓展耕地面积，大力兴修水利，鼓励农业发展；另一方面严控土地兼并，主张平均地权。这充分体现了治国理政的中国智慧。

【国策展望】 我国全民医保制度逐步完善

中国用较短的时间建立起世界上规模最大的基本医疗保障网，居民参保率稳固在95%以上。全面建立城乡居民大病保险制度，覆盖10亿多居民。医保管理体制更加完善，组建国家医疗保障局，整合管理职能。

医疗保障水平进一步提高，城乡居民基本医保制度基本整合，2018年人均财政补助标准提高到490元，政策范围内门诊和住院费用报销比例分别稳定在50%和70%左右。全面实施医疗救助制度，开创性建立疾病应急救助制度，加快发展商业健康保险，开展工会医疗互助活动，各类保障制度逐步衔接互动。

健康扶贫深入实施，2018年大病专项救治病种范围扩大至21种，1212.7万人得到分类救治，覆盖95.26%的大病和慢性病患者，贫困县基本实现先诊疗后付费和“一站式”结算。

医保支付方式改革持续推进，开展按疾病诊断相关分组付费国家试点，推进多元复合式支付方式改革。跨省异地就医费用实现直接结算，2018年国家平台备案人数达到354万人，跨省异地就医直接结算累计152.6万人次。

（内容来源：2019年9月25日，新华网，http://www.xinhuanet.com/politics/2019-09/25/c_1210291935.htm节选）

二、发展观中人民至上的核心理念

“人民”对于新中国具有特殊意义。新中国成立以来，使用频率最高的词就是“人民”。在我国，国家名称是“中华人民共和国”，以“人民”命名的国家机构有：全国人民代表大会、中央人民政府、地方各级人民代表大会、地方各级人民政府、人民法院和人民检察院。

“立党为公、执政为民”是中国共产党的执政理念，是我们党在长期的革命、建设和改革中始终坚持的一贯思想。人民至上理念与为人民服务是统一的。“全心全意为人民服务”是中国共产党的根本宗旨，是党的群众路线的体现，其本质就是“人民至上”。

（一）“以人民为中心”的改革发展观中的中国智慧

“以人民为中心”的改革发展观是新中国成立70多年来向世界贡献的中国智慧，蕴含着丰富的智慧、内涵：第一，凡是“以人民为中心”的发展与改革，就能团结一切可以团结的力量，形成巨大的生产力与消费力，成为推动社会发展的根本动力；第二，“以人民为中心”的发展与改革，体现了社会主义的本质，也体现了中国共产党执政为民的理念。

“以人民为中心”的改革发展观是习近平新时代中国特色社会主义思想的主要内容。党的十八大以来，以习近平同志为核心的党中央顺应人民群众对美好生活的向往，落实以民为本、以人为本的执政理念，坚持发展为了人民、发展依靠人民、发展成果由人民共享，带领中国人民朝着实现“两个一百年”的奋斗目标、实现中华民族伟大复兴的中国梦砥砺奋进，形成了发展价值中人民至上的核心理念。

党的十九大将“坚持以人民为中心”确立为新时代坚持和发展中国特色社会主义的基本方略之一，将“保护人民人身权、财产权、人格权”写入十九大报告则充分体现了党对人民权利的高度重视。

“以人民为中心”的改革发展观是新时代中国经济发展转型升级的必然趋势，是党心所向、民心所向。公平正义不是抽象的，而是具体的，是与民生密切联系在一起的。习近平总书记指出：“促进社会公平正义，在更高水平上实现幼有所育、学有所教、劳有所得、病有所医、老有所养、住有所居、弱有所扶，让发展成果更多更公平惠及全体人民。”

坚持“以人民为中心”的改革发展观，就要注重解决当前与每个人工作、学习、生活有关的制度设计中的缺陷问题。

“以人民为中心”不是“全心全意为人民服务”的简单重复。如果把“全心全意为人民服务”视为对共产党执政与共产党人的高标准、严要求，那么“以人民为中心”的改革发展观就是对改革与发展目的的进一步明确。

（二）“不忘初心、牢记使命”主题教育的中国智慧

党的十九大决定，在全党开展“不忘初心、牢记使命”主题教育。2019年是中华人民共和国成立70周年，也是我们党在全国执政的第70个年头，在这个时刻开展这次主题教育，正当其时。开展“不忘初心、牢记使命”主题教育，是围绕“四个伟大”作出的重大部署，对统筹推进“五位一体”总体布局、协调推进“四个全面”战略布局，决胜全面建成小康社会、夺取新时代中国特色社会主义伟大胜利、实现中华民族伟大复兴的中国梦，具有重大而深远的意义。

“不忘初心、牢记使命”主题教育体现了两大中国智慧：一是通过这次主题教育统一思想，只有思想统一，行动才能统一；二是通过这次主题教育保持党同人民群众的血肉联系。党除了人民利益之外没有自己的特殊利益，党的一切工作都是为了实现好、维护好、发展好最广大人民的根本利益。人民是历史的创造者，人民是真正的英雄，必须相信人民、依靠人民，必须保持党同人民群众的血肉联系。

“不忘初心、牢记使命”主题教育是实现党的十九大确定的目标任务的需要。当前，我国外部环境复杂，不稳定不确定因素增多。实现党的十九大确定的宏伟目标，完成艰巨繁重的改革发展稳定任务，需要中国共产党带领全国人民共同奋斗、接力奋斗、顽强奋斗，需要付出更为艰苦的努力。适时开展这次主题教

育，就是要教育和引导广大党员干部发扬革命传统和优良作风，团结带领人民把党的十九大绘就的宏伟蓝图一步一步变为美好现实。

“不忘初心、牢记使命”主题教育是建设中国特色社会主义的本质需要。习近平总书记在党的十九大报告中指出：“中国特色社会主义进入新时代，意味着近代以来久经磨难的中华民族迎来了从站起来、富起来到强起来的伟大飞跃，迎来了实现中华民族伟大复兴的光明前景，意味着科学社会主义在 21 世纪的中国焕发出强大生机活力。”

“不忘初心、牢记使命”主题教育的意义在于教育广大党员干部，无论我们走得多远，都不能忘记来时的路。要牢记红色政权是从哪里来的、新中国是怎么建立起来的、科学社会主义为什么是科学的、中国特色社会主义为什么是必须坚持的。广大党员干部必须牢记党的理想信念和根本宗旨，弘扬长征精神，发扬革命战争年代那种敢于战斗、不怕困难的奋斗精神，奋力夺取新时代中国特色社会主义新胜利。

【国策展望】 中国“无废城市”建设加速

2019 年 1 月 23 日，国务院办公厅正式发布了《“无废城市”建设试点工作方案》。

“无废城市”是以创新、协调、绿色、开放、共享的新发展理念为引领，通过推动形成绿色发展方式和生活方式，持续推进固体废物源头减量和资源化利用，最大限度地减少填埋量，将固体废物环境影响降至最低的城市发展模式，也是一种先进的城市管理理念。

2019年4月，生态环境部发布了首批11+5“无废城市”建设试点城市和地区名单。5月，全国“无废城市”建设试点启动会在深圳召开。10月，生态环境部开始向社会公开征集“无废城市”先进适用技术。

2019年12月，2019“无废城市”建设试点推进会在三亚召开。2018年全国大、中城市一般工业固体废物产生量为13.1亿吨，工业危废4010.1万吨，医疗废物78.1万吨，生活垃圾2.02亿吨。据杜祥琬院士预测，到2030年相关产业规模将超过7万亿元。

在无废城市建设的巨大需求拉动下，环保企业纷纷加快相关领域部局。光大集团方面，光大国际和光大绿色环保密集签约各地固废、危废和环卫一体化项目，光大国际还积极并购“互联网+”废物回收企业。高能环境多个静脉产业园项目在建和投运，持续深耕危险废物安全处置、一般工业固废贮存处置等领域。中国天楹则继今年年初完成对Urbaser公司的并表后，又拿下法国巴黎Isséane垃圾焚烧发电厂运营项目，力求将国外先进技术和经验融入中国无废城市建设。

（内容来源：2020年1月8日，中国水网，http://www.h2o-china.com/news/view?id=301353&page=1节选）

三、治国理政中造福人民的现实实践

治国理政中造福人民的实践要让广大人民群众看得见、摸得着、感受得到，这才是中国智慧。

新中国成立 70 多年来向世界展示了治国理政的丰富智慧，其中，全面建成小康社会的中国方案让广大人民群众看得见、摸得着、感受得到，展示了治国理政层面的智慧。中国的减贫方案，不仅有效解决了中国的贫困问题，而且为世界减贫事业提供了宝贵的中国经验与智慧。

（一）中国全面建成小康社会的治国理政智慧

全面建成小康社会，是习近平新时代中国特色社会主义思想“以人民为中心”改革发展观的现实目标。

实现中华民族伟大复兴是中华民族近代以来最伟大的梦想，全面建成小康社会是第一步。完成了全面建成小康社会的目标，可以极大地提高对实现中华民族伟大复兴中国梦的信心，因此，全面建成小康社会是实现中华民族伟大复兴的关键。

中国智慧提倡实事求是，重视循序渐进，强调奋斗不息。

党的十八届五中全会对全面建成小康社会进行了总体部署，“十三五”规划进一步将全面建成小康社会指标化、具体化。

将全面建成小康社会分解为实实在在的目标。所谓实实在在的目标，就是广大人民群众看得见、摸得着、感受得到的目标。广大人民群众能够感受到目标实现后带来的变化，有助于增强全面建成小康社会的信心，有助于凝聚成团结的力量、向上的力量、奋斗的力量，有助于增强行动自觉性。这种将目标细化的做法体现了治国理政的中国智慧。

2016 年 12 月 21 日，习近平总书记在中央财经领导小组第十四次会议上的讲话中强调：“全面建成小康社会，不是一个‘数字游戏’或‘速度游戏’，而是一个实实在在的目标。在保持经济增长的同时，更重要的是落实以人民为中心的发展思想，想群众之所想、急群众之所急、解群众之所困，在学有所教、劳有所得、病有所医、老有所养、住有所居上持续取得新进展。”

全面建成小康社会要解决好发展的短板问题。解决好发展的短板问题，体现了治国理政要抓住主要矛盾解决主要问题的中国智慧。2017 年 6 月 21 日至 23 日，习近平总书记在山西考察工作时指出：“要在抓好脱贫攻坚这个第一民生工程的同时，统筹做好就业、收入分配、教育、社会保障、医疗卫生、住房、食品安全、生产安全、公共治安等各项民生的保障和改善工作，确保人民安居乐业、社会安定有序。推出的每件民生实事都要一抓到底，一件接着一件办，一年接着一年干。”

2019 年，全年全国居民人均可支配收入为 30733 元，比上年增长 8.9%，扣除价格因素，实际增长 5.8%。截至 2019 年年末全国参加城镇职工基本养老保险人数为 43482 万人，比上年年末增加 1581 万人；参加城乡居民基本养老保险人数为 53266 万人，增加 874 万人；参加基本医疗保险人数为 135436 万人，增加了 978 万人。

特别值得一提的是，2019 年年末，全国农村贫困人口为 551 万人，比上年年末减少 1109 万人，下降 66.8%；贫困发生率为 0.6%，比上年下降 1.1 个百分点。

2020 年是决胜全面建成小康社会、决战脱贫攻坚之年。今年政府工作报告强调，要坚决打赢脱贫攻坚战，努力实现全面建成小康社会的目标任务。习近平总书记在基层视察、看望参加政协会议的经济界委员时强调，做好“六稳”工作、落实“六保”任务至关重要。

“六保”，指的是保居民就业、保基本民生、保市场主体、保粮食能源安全、保产业链供应链稳定、保基层运转。“六稳”，指的是稳就业、稳金融、稳外贸、稳外资、稳投资、稳预期，涵盖了我国目前经济生活的主要方面。

面对疫情冲击等困难挑战，中国共产党人初心不改、使命在肩。“稳”是基础，“保”是底线。从长远来看，我国经济稳中向好、长期向好的基本趋势没有改变。

（二）中国的减贫智慧

“致富路上一个都不能少”，这是习近平新时代中国特色社会主义思想的扶贫观。中国是世界上最大的发展中国家，长期受到贫困问题的困扰。全面小康是全体中国人民的小康，不能有人掉队，特别是农村不能掉队。因此，必须重视“三农”问题。中国的减贫智慧体现在两个方面。一是减贫要治本：取消农业税就是治本之法，减轻农民负担，增加农民收入，推动农业发展，推动农村综合改革，建设社会主义新农村；二是精准扶贫：提高扶贫效率，消除扶贫腐败。在扶贫减贫领域，中国向世界交出了一份令人满意的答卷。国家统计局 2020 年 1 月 23 日发布数据，党的十八大以来，全国农村贫困人口累计减少超过 9000 万人。截至 2019 年年末，全国农村贫困人口从 2012 年年末的 9899 万人减少至 551 万人，累计减少 9348 万人；贫困发生率从 2012 年的 10.2% 下降至 0.6%，累计下降 9.6 个百分点。

中国改革开放是从农村开始的，“三农”问题是中央全会、中央工作会议关注的重点问题。中国在扶贫攻坚工作中采取的重要举措，就是实施精准扶贫方略，找到“贫根”，对症下药，靶向治疗。注重抓 6 个精准：扶持对象精准、项目安排精准、资金使用精准、措施到户精准、因村派人精准、脱贫成效精准。

农业税俗称“公粮”，是最古老的税种，它始于春秋时期鲁国的“初税亩”。1958 年 6 月 3 日，第一届全国人民代表大会常务委员会第九十六次会议通过《中华人民共和国农业税条例》，规定全国的平均税率为常年产量的 15.5%。2005 年 12 月 29 日，第十届全国人民代表大会常务委员会第十九次会议决定，自 2006 年 1 月 1 日起废止《中华人民共和国农业税条例》。由此，国家

2019 年 12 月 24 日，山西和顺县，全国总工会扶贫挂职干部王素萍（右一）和自己帮扶的贫困户告别。

不再针对农业单独征税，一个在我国存在 2000 多年的古老税种宣告终结。

停止征收农业税是减轻农民负担的重要一招。大约 400 亿元的农业税虽然只占国家税收总额的 2%，但是以农业税为名头派生出的从农民、农村、农业收取的各项税费品种繁多，令人眼花缭乱。取消农业税，减轻了农民负担。因此，取消农业税这项改革举措，不仅减少了工农业的“剪刀差”，增加了农民的公民权利，体现了现代税收中的公平原则，而且符合中国经济发展进入“工业反哺农业”新阶段的需求，有助于推动农业现代化。

取消农业税，标志着中国进入改革开放转型新时期。

【国策展望】 奋力推进《中国教育现代化 2035》

2019 年 2 月 23 日，中共中央、国务院印发了《中国教育现代化 2035》，并发出通知，要求各地区各部门结合实际认真贯彻落实。

《中国教育现代化 2035》中提出了推进教育现代化的八大基本理念：更加注重以德为先、更加注重全面发展、更加注重面向人人、更加注重终身学习、更加注重因材施教、更加注重知行合一、更加注重融合发展、更加注重共建共享。明确了推进教育现代化的基本原则：坚持党的领导、坚持中国特色、坚持优先发展、坚持服务人民、坚持改革创新、坚持依法治教、坚持统筹推进。

《中国教育现代化 2035》中提出，推进教育现代化的总体目标是：到 2020 年，全面实现“十三五”发展目标，教育总体实力和国际影响力显著增强，劳动年龄人口平均受教育年限明显增加，教育现代化取得重要进展，为全面建成小康社会做出重要贡献。在此基础上，再经过 15 年努力，到 2035 年，总体实现教育现代化，迈入教育强国行列，推动我国成为学习大国、人力资源强国和人才强国，为到本世纪中叶建成富强民主文明和谐美丽的社会主义现代化强国奠定坚实基础。

2035 年主要发展目标是：建成服务全民终身学习的现代教育体系、普及有质量的学前教育、实现优质均衡的义务教育、全面普及高中阶段教育、职业教育服务能力显著提升、高等教育竞争

中关村三小的小学生在开学仪式后走出校门，等候家长接回家。

力明显提升、残疾儿童少年享有适合的教育、形成全社会共同参与的教育治理新格局。

（内容来源：2019 年 2 月 23 日，新华网，http://www.xinhuanet.com/politics/2019-02/23/c_1124154392.htm 节选）

第六篇

开物成务的求真务实

做到求真务实、真抓实干，树立正确政绩观，敢于担当，勇于创新，坚持从实际出发谋划事业和工作，对个人的名誉、地位、利益，要想得透、看得淡、放得下，做到在务实中成长、在实干中进步。

——习近平，*2015* 年 *7* 月 *6* 日，在中央党的群团工作会议上的重要讲话

一、传统文化中开物成务的务实精神

新中国成立70多年来向世界贡献了开物成务的求真务实智慧。

开物成务的含义是指认识规律，按照规律办事，就能取得成功。开物成务的求真务实不仅是认识论，也是方法论，是辩证唯物主义世界观、方法论、认识论的中国式表达。

开物成务的务实精神，体现了中国智慧注重经世致用、革故鼎新的品质。中国近代以来，务实精神更是被知识精英发掘利用，作为鼓舞民众维新与革命的精神武器。

（一）开物成务的务实精神提倡格物致知

格物致知的含义是参透事物本质，掌握知识本源。“格物”的含义是推究事物的道理，“格物”也可以理解为“透过现象看本质”，在“知其然”的基础上“知其所以然”，俗称“懂道理，讲道理”。

格物致知有两层含义。首先，格物致知是穷究事物道理的治学方法。其次，格物致知是修齐治平、明德于天下的行动方式。

自古以来，中国知识阶层都有共同追求，就是通过自身修炼，塑造高尚人格，明辨是非，成就一番功业，绘制了一条从提升自我修养到融入社会发展，再到实现家国抱负的智慧之路。

（二）开物成务的务实精神提倡实事求是

求真务实和实事求是，是中国传统农耕文化中较早形成的民族精神，是我们宝贵的精神财富。中国有悠久的农耕文明历史，农耕文明精耕细作的特点使得我们这个民族很早就形成了脚踏实地、不务虚名的务实精神，“以农为本”“民以食为天”成为中国人的日常价值取向。

章太炎指出：“国民常性，所察在政事日用，所务在工商耕稼，志尽于有生，语绝于无验。”中国人注重“有生”、轻“来世”，“重实际而黜玄想”，浓重的农耕文化气息熏陶出了中国人的务实风格。

“实事求是”从中华传统文化与智慧上升到中国共产党的理论高度。改革开放以来，实事求是成为解放思想、破除束缚、推动中国发展的思想武器。

1978 年 12 月 13 日，邓小平在中共中央工作会议闭幕会上提出“解放思想，开动脑筋，实事求是，团结一致向前看”。1982 年 9 月，党的十二大修改通过的党章第一次把“实事求是”作为党的思想路线的核心内容。党的十二大党章指出：“党的思想路线是一切从实际出发，理论联系实际，实事求是，在实践中检验真理和发展真理。”

【权威发布】《2020 中国大学生健康调查报告》发布

《中国青年报》中青校媒联合丁香医生共同发布的《2020 中国大学生健康调查报告》(以下简称《报告》)中显示，当前我国大学生总体健康状况良好，一些生活方式需要改进，并已逐步形成健康意识，特别对健康生活方式关注度高。

根据《报告》，64% 的大学生认为健康要从年轻时做起，并开始有意识地主动维持身体健康，会关注健康信息，主动寻找解决健康困扰的手段。

《报告》中还显示，大学生对自己整体的健康现状较为自信。大学生总体健康自评分达 7.4 分（10 分为满分），其中过半达 8 分及以上。

在对待健康的态度上，大学生不仅重视身体健康，也没有忽视心理健康。相比于身体健康评分 7.1 分，他们给自己的心理健康评分更高，近三分之一的大学生认为自己心理健康状态非常好，评分高于 9 分。

不过，随着年级的升高，大学生对自己的健康评价逐渐降低。根据《报告》，大一到大三，年级越高，受健康困扰比例就越高。大四学生中，情绪困扰占比最高达 47%；硕士研究生和博士研究生中有一半人睡眠不足。

尽管大学生总体健康状况良好，但《报告》中指出，86% 的大学生表示自己在过去一年中出现过健康困扰。其中皮肤状态不好、睡眠不足和情绪问题在大学生健康困扰中排前三位。值得一

2016 年 12 月 18 日，北京一高校学生在雾霾天气里跑步。

提的是，意识到当前生活方式存在的问题以后，2/3 的大学生表示会采取行动改进自己的生活方式。

（内容来源：刘俞希、程思，《大学生的健康状况究竟如何》，《中国青年报》，2020 年 01 月 07 日）

二、实事求是，开辟中国道路

无论是革命、建设，还是改革，中国共产党之所以能够取得一个又一个胜利，靠的就是始终坚持实事求是的正确思想路线，一切从实际出发，理论联系实际，实事求是，在实践中检验真理和发展真理，推动马克思主义中国化。

一部中国革命、建设、改革的历史，就是中国共产党、中国人民、中华民族实事求是地认识中国、改造中国、建设中国、推动中国发展的历史。

（一）科学社会主义的中国智慧

改革开放的胜利是马克思主义中国化的成果，是中国特色社会主义理论体系的胜利。中国特色社会主义理论体系，就是包括邓小平理论、“三个代表”重要思想、科学发展观以及习近平新时代中国特色社会主义思想在内的科学理论体系。坚持中国特色社会主义理论体系，就要坚持邓小平理论、“三个代表”重要思想、科学发展观，坚持习近平新时代中国特色社会主义思想。

坚持中国特色社会主义道路。中国特色社会主义道路，就是在中国共产党领导下，立足基本国情，以经济建设为中心，坚持四项基本原则，坚持改革开放，解放和发展社会生产力，建设中国特色社会主义市场经济、社会主义民主政治、社会主义先进文化、社会主义和谐社会、社会主义生态文明，促进人的全面发展，逐步实现全体人民共同富裕，建设富强民主文明和谐美丽的社会主义现代化强国。

坚持改革开放。坚持中国特色社会主义道路，就要坚持改革开放，反对两种错误观点。

第一种错误观点是认为没有改革开放也可以发展。2012 年 12 月 31 日，习近平总书记在主持十八届中央政治局第二次集体学习时做出了明确的回答：改革开放只有进行时没有完成时。没有改革开放，就没有中国的今天，也就没有中国的明天。改革开放中的矛盾只能用改革开放的办法来解决。

第二种错误观点是认为中国经济发展走出了一条与其他国家现代化完全不同的道路。改革与开放是中国经济发展与转型升级的“双轮”，缺一不可。改革的进程既是立足国情发展的过程，也是积极向世界学习一切先进技术与管理经验的过程。中国经济发展不是走出了一条与现代化发展完全不同的道路，而是走出了一条具有“中国特色”的现代化发展道路。

（二）“一国两制”的中国智慧

“一国两制”充满中国智慧，有着强大生命力，为国际社会解决类似问题带来有益启迪。

“一国两制”即“一个国家，两种制度”的简称。“一国两制”指的是在中华人民共和国内，国家的主体实行社会主义，香港、澳门和台湾实行资本主义。

“一国两制”方针以“一个中国”为原则，并强调“中华人民共和国是代表中国的唯一合法政府”。世界上只有一个中国，台湾是中国不可分割的一部分，中央政府在北京。中国政府坚决反对任何旨在分裂中国主权和领土完整的言行，反对“两个中国”“一中一台”或“一国两府”，反对一切可能导致台湾“独立”的企图和行径。海峡两岸的中国人民都主张只有一个中国，都拥护国家的统一，台湾作为中国不可分割的一部分的地位是确定的、不能改变的，不存在什么“自决”的问题。

两制并存。在一个中国的前提下，大陆的社会主义制度和台湾的资本主义制度，实行长期共存、共同发展。这种考虑，主要是基于照顾台湾的现状和台湾同胞的实际利益。这将是中国国家体制的一大特色和重要创造。

1997 年 7 月 1 日零点，中、英两国政府香港政权交接仪式在香港会议展览中心新翼举行，中华人民共和国国旗和香港特别行政区区旗在香港升起，中华人民共和国香港特别行政区随即成立，中国人民解放军驻港部队同时抵达香港各营区执行有效防务，标志着中国政府正式恢复对香港行使主权。经历了百年沧桑的香港回归祖国，标志着香港同胞从此成为祖国这块土地上的真正主人，香港的发展从此进入一个崭新的时代。

1999 年 12 月 20 日零点，中、葡两国政府澳门政权交接仪

2017 年 3 月 5 日，十二届全国人大五次会议在北京人民大会堂开幕。会后，工作人员移动香港代表团的横幅。

式在澳门文化中心花园馆隆重举行。中国政府恢复对澳门行使主权，澳门回到了祖国母亲的怀抱，开启了历史发展的新纪元。回归后，澳门继续保持原有的资本主义制度不变，实行“澳人治澳”、高度自治，走上了一条符合自身实际情况，与内地优势互补、共同发展的宽广道路。

【延伸阅读】 20 年，澳门成为世界经济增速较快地区之一

1999 年 12 月 20 日，中国政府恢复对澳门行使主权，澳门这个漂泊多年的游子重新回到祖国的怀抱。2019 年 12 月 20 日，澳

门将迎来回归祖国20周年。

20年来，祖国殷切关怀澳门，内地大力支持澳门，共同谱写了“一国两制”成功实践的澳门篇章。回归以来，澳门成为全世界经济增长速度较快地区之一，同时也成为全世界人均地区生产总值较高的地区之一，澳门稳步成长为一个朝气蓬勃的现代化繁华都市。在这块“莲花宝地”，爱国爱澳、守望相助、和衷共济的家国情怀始终如一，“一国两制”的成功实践成就斐然。

20年来，在“一国两制”方针指引下，澳门经济发展迅速，各项宏观经济指标表现十分亮眼：2018年，澳门本地生产总值从1999年的519亿澳门元增至4447亿澳门元，人均GDP达67万澳门元。2018年年底，澳门累计财政盈余达5056亿澳门元，较1999年增长193倍。本地居民充分就业，失业率从回归之初的6.3%下降到2018年的1.8%。

澳门的成长，源于祖国的强力支持。澳门特区行政长官崔世安在2019年国庆酒会上说，回归20年来，澳门跟随国家发展的步伐，搭乘国家发展的快车，实现了自身更快更好的发展。澳门当前稳定发展的局面，离不开中央政府的关心支持。

特区成立之初，亚洲金融危机余波未平，随后“非典”疫情接踵而来，澳门经济一时陷入困顿。危急时刻，中央政府实施了一系列政策措施，包括签署《内地与澳门关于建立更紧密经贸关系的安排》(CEPA)、开放内地部分城市居民赴澳门“自由行”等，迅速帮助澳门经济扭转颓势，走向恢复、发展。

2008年9月，国际金融危机给澳门经济再次带来巨大挑战。

中央政府又一次及时伸出援手，宣布了支持澳门经济稳定发展的9项具体措施，帮助特区应对危机。

2009年，国家进一步推出一系列支持澳门的重要举措——颁布《珠江三角洲地区改革发展规划纲要》，签署《CEPA补充协议六》，通过《横琴总体发展规划》，批准港珠澳大桥建设工程，为澳门发展带来更大空间。

空间，一直是澳门人最强烈的渴求。回归之初，澳门土地面积只有21.45平方公里。“太小”，已成为澳门发展最大的“瓶颈”。回归以来，中央政府先后几次批准特区政府填海造地，使澳门土地面积增长到目前的约32.8平方公里。

回归20年，背靠祖国，澳门得以一次次从容应对危机和考验，在曲折坎坷中一次次华丽变身，不断前行，成为世界上较活跃的微型经济体之一。

（内容来源：2019年12月6日，光明网，http://news.china.com.cn/2019-12/06/content_75486090.htm节选）

三、求真务实，实现中国梦

求真务实，要求从实际出发谋划事业和工作，使点子、政策、方案符合实际情况、符合客观规律、符合科学精神，不好高骛远。要求深入调查研究，增强看问题的眼力、谋事情的脑力、察民情的听力、走基层的脚力。

世界第二大经济体不是喊出来的，而是实实在在干出来的。中国之所以能够创造改革开放的奇迹，靠的就是求真务实、真抓实干。关于务实作风，习近平总书记有过很多生动的论述，比如“空谈误国、实干兴邦”“发扬钉子精神”“一分部署，九分落实”“抓铁有痕、踏石留印”等。

（一）经济发展新常态的中国智慧

经济发展新常态，这是习近平新时代中国特色社会主义思想对发展态势的精准判断。

以求真务实的态度正确认识当前经济发展所处的历史阶段，以及经济发展的特点。党的十八大以来，中国经济发展出现了新特点：经济总量持续增加，经济增速开始回落。中国国内生产总值增速从双位数高速增长转向 7%~8% 的中高速增长，再转向 6%~7% 的中速增长。中国经济增速的这种变化被习近平总书记精准地定义为“新常态”。

“新常态”第一次被提及，是习近平总书记 2014 年 5 月在河南考察工作时发表的讲话。

2014 年 11 月 9 日，习近平主席在亚太经合组织工商领导人峰会开幕式上作题为《谋求持久发展　共筑亚太梦想》的主旨演讲，系统阐述了新常态。他指出：“中国经济呈现出新常态，有几个主要特点：一是从高速增长转为中高速增长；二是经济结构不断优化升级，第三产业、消费需求逐步成为主体，城乡区域差距逐步缩小，居民收入占比上升，发展成果惠及更广大民众；三是从要素驱动、投资驱动转向创新驱动。新常态将给中国带来新的发展机遇。”

2014 年 12 月 5 日，中央政治局会议明确提出，“我国进入经济发展新常态，经济韧性好、潜力足、回旋空间大”，“经济发展新常态下出现的一些趋势性变化使经济社会发展面临不少困难和挑战”，“主动适应经济发展新常态，保持经济运行在合理区间”。

经济发展新常态是对经济发展阶段的正确判断。科学认识当前形势，准确研判未来走势，必须历史地、辩证地认识我国经济发展的阶段性特征，准确把握经济发展新常态。

新常态要求推动经济发展理念与执政理念的转变。从过往一味强调国内生产总值增速转向重视国内生产总值质量，把各级政府从粗放型经济增长方式中解放出来，使中国经济从片面追求经济发展规模和速度转向更加注重经济发展质量和效益的轨道上来，实现经济和发展的良性循环，促进资源节约型和环境友好型社会建设。

（二）全面开放新格局的中国智慧

全面开放新格局，这是习近平新时代中国特色社会主义思想的开放发展观。十九大报告诠释了全面开放新格局，全面开放新格局智慧体现在五个方面：第一，以“一带一路”建设为重点；第二，培育贸易新业态；第三，“引进来”和“走出去”并重；第四，创新对外投资方式；第五，优化区域开放布局。

全面开放新格局要求加强同国际经贸规则对接，重视知识产权保护。全面开放新格局要求以建设法治化、国际化、便利化的营商环境为目标，营造公平开放、统一高效的市场环境，加强知识产权保护在内的产权保护，对包括外资企业在内的所有市场主体一视同仁。

持续放宽市场准入，全面实行准入前国民待遇加负面清单管理制度，继续精简负面清单，抓紧完善外资相关法律。稳步扩大金融开放，持续推进服务业开放，深化农业、采矿业、制造业开放，加快电信、教育、医疗、文化等领域开放进程，放宽外资准入领域，放宽外资在教育、医疗等领域的股比限制。

全面开放新格局要求加快推动从贸易大国转向建设贸易强国。建设贸易强国是推动形成全面开放新格局的有力抓手。当前，我国对外贸易大而不强、粗放发展、质量效益偏低的问题依然突出。要积极培育贸易新业态、新模式、新技术，加快转变贸易发展方式，优化贸易结构。

推动从以货物贸易为主向货物和服务贸易协调发展转变，深化服务贸易创新发展试点，大力发展新兴服务，不断提高服务质量和水平，促进服务贸易健康发展；推动从低附加值产品贸易向高附加值产品贸易转变，加快实施创新驱动发展战略，培育出口新增长极；推动从贴牌产品贸易向自主品牌产品贸易转变，加快培育以技术、标准、品牌、质量为核心的对外经济新优势。同时，要注重扩展出口市场，开拓欧美日以外的全球新市场，扩大进口，推动中国进出口贸易平衡发展。

【全球视野】 中国“世界工厂”地位不会改变

2020 年 5 月 3 日，《参考消息》刊登了《德国之声》电台网站文章《疫情过后，中国还会是“世界工厂”吗》。文章摘要如下：

新冠肺炎疫情的爆发和政府出台的种种控制措施给全球供应链带来影响，工厂突然停工，超市无法补充库存，不少货物出现紧缺。这场危机造成前所未有的混乱，全球各大企业从中吸取教训，以便未来更好地应对冲击。不过，大多数公司并不会考虑抛弃中国这个世界大工厂。

美国沃顿商学院运营、信息和决策教授莫里斯·科恩在接受

《德国之声》采访时表示："我并不认为中国作为制造业主要供应商的地位会改变。也许某些行业会有变化，但总体来说，不会出现结构性改变。有些人说我们要把制造业撤回美国，但这是不会发生的。"

过去20年，西方企业为了降低生产成本和开拓新市场而大规模进军中国，中国逐渐成为全球供应链的核心。如今，中国国内生产总值约占全球比重的20%，这也和外企在中国的投资不无关系。根据德国一家公司最近的调查，五分之四的大型企业都依赖中国供应商。

值得一提的是，出于劳动力成本上升等原因，近几年一直有外国企业试图将业务迁出中国。2018年至2019年中美贸易摩擦激烈之时，也有不少外企为了避免加征关税等原因，寻求将业务迁到邻国。美国麦肯锡咨询公司生产和供应链专家克努特·阿利克说："疫情危机期间，许多公司都在寻找替代中国的供应商。有些公司找到了，但有些公司在这么短的时间内没有找到。那些找到替代供应商的人未来不会再转回到中国生产。"

不过有不少专家认为，即使企业在其他国家找到供应商，也将继续留在中国，以便在这块巨大的市场中占据一席之地，它们将此称为"中国+1"战略。还有一种说法是，其他国家可能在技术工人、基础设施和原材料方面无法满足这些企业的需要，难以替代中国。

据中国美国商会3月的一项调查显示，超过70%的企业表示目前还没有将生产和供应链业务迁出中国的计划。中国美国商会

2018 年 11 月 21 日，山东邹城，大学生在山东省智能机器人应用技术研究院实习操作机器人机械手臂。

会长毕艾伦说：“与某种说法不同，基于中国的数据表明，我们的大多数会员不会很快打包走人，离开中国。值得一提的是，在经历了数月的封锁后，中国似乎走在了全球经济复苏的前列，许多公司最初选择中国的理由至今依然成立。”

（内容来源：2020 年 5 月 3 日，新华网，http://www.xinhuanet.com/world/2020-05/03/c_1125939326.htm）

第七篇

上善若水，韬光养晦

2000 多年前，老子说：“上善若水，水利万物而不争”，意思就是说最高境界的善行就像水一样涓涓细流，泽被万物。

——习近平，*2014* 年 *11* 月 *10* 日，在亚太经合组织工商领导人峰会欢迎宴会上的致辞

一、守道待时的中国智慧

“守道待时”的含义是时机来了要抓住，时机走了要放弃。

白居易《与元九书》中言：“大丈夫所守者道，所待者时。时之来也，为云龙，为风鹏，勃然突然，陈力以出；时之不来也，为雾豹，为冥鸿，寂兮寥兮，奉身而退。进退出处，何往而不自得哉！”

（一）顺应“天时地利人和”

“天时地利人和”这句话，出自《孟子·公孙丑下》：“天时不如地利，地利不如人和。”

改革开放以来，党中央在制定与调整政策时充分考虑了“天时地利人和”的综合因素，形成了具有中国特色的治国理政智慧。这一智慧体现在几个方面。在改革中：第一步进行经济体制改革；第二步进行社会、文化、教育、医疗等各领域体制的改革。在经济体制改革中：第一步进行农村改革；第二步进行国企改革；第三步进行价格体制改革、财税体制改革；第四步进行金融体制改革。

在政治体制改革中：突破了把政治体制改革仅仅等同于选票改革的偏激观，强调根据中国国情，稳步有序地推进中国特色社会主义政治体制改革。一方面，坚持和完善人民代表大会制度，推动社会主义民主建设；另一方面，加强推动中国共产党领导的多党合作和政治协商制度建设、社会主义法制建设、基层群众自治制度建设、民族区域自治制度、“一国两制”方针。

（二）“谦虚、谨慎、戒骄、戒躁”

1945 年 4 月毛泽东在党的七大发表题为《两个中国之命运》的开幕词中说：“我们应该谦虚、谨慎、戒骄、戒躁，全心全意地为中国人民服务，在现时，为着团结全国人民战胜日本侵略者，在将来，为着团结全国人民建设新民主主义的国家。”

“戒骄”“戒躁”就是要宁静达观、豁达大度，顺境时居安思危，逆境时坚韧不拔，愈挫愈勇；就是要公平如水、安静如水，始终坚守公道正派，始终保持一颗平常心。

“戒骄”“戒躁”，换一个角度来看，就是遇到问题少指责他人多检讨自己，遇到困难少麻烦他人多依靠自身。习近平总书记多次强调“做好自己的事情”。

当前，中国处于发展的重要战略机遇期，也面临着错综复杂的国际形势。既要看清楚国际国内各种不利因素的长期性、复杂性，又要认清有困难就有机会。一方面，做好应对各种困难局面的准备；另一方面，统筹研究部署，把握大局大势，把准前进方向，保持战略定力，集中精力办好我们自己的事情。

中国已经是世界第二大经济体，有14亿人口的大市场，有改革开放以来持续高速发展积累的雄厚物质基础。中国经济是一片大海，而不是一个小池塘；狂风骤雨可以掀翻小池塘，但不能掀翻大海。只要我们保持和发扬在长期革命斗争中形成的跨越时空、永不过时的伟大革命精神，不忘初心、牢记使命，砥砺奋进，就一定能让“中国号”巨轮劈波斩浪、行稳致远，在开启建设社会主义现代化国家的新征程上创造新的更大奇迹。

二、发展进程中和平友好的国际环境

（一）“一带一路”建设的中国智慧

“一带一路”，是习近平新时代中国特色社会主义思想的区域合作发展新思路。

全球化催生多边主义和自由贸易，为发展中国家提供发展的更多可能性。秉持多边贸易和双赢理念的“一带一路”顺应全球化，以及国际区域经济发展与合作的大趋势，促进了互利共赢，彰显了中国智慧，得到了国际社会的广泛支持。自提出“一带一路”倡议以来，已有 80 多个国家和国际组织同中国签署了合作协议。

“一带一路”建设是党的十八大以来的重要举措，是新中国成立 70 多年来在国际区域合作与发展领域对世界的重大贡献。其蕴含的合作与发展智慧体现为：国际区域合作与发展要建立在共赢发展理念上；国际区域合作与发展要推动政策沟通、设施联通、贸易畅通、资金融通、民心相通；国际区域合作与发展要通过基建合作、经贸合作、金融合作，发挥沿线国家的资源禀赋；

国际区域合作与发展最终要建立互利共赢的共享经济。

“一带一路”建设是为破解人类发展难题而提供的中国方案。“一带一路”建设秉承共商共享共建的核心原则。恪守《联合国宪章》的宗旨和原则，遵守和平共处五项原则，坚持开放合作。推动“一带一路”建设与亚太经合组织、东盟、非盟、欧亚经济联盟、欧盟的发展规划对接，激发沿线国家的资源禀赋优势、产业优势和协同优势，促进区域内贸易创造和贸易联系。

“一带一路”建设拉动了中国基础设施、能源项目、制造业发展，同时也满足了沿线国家对于基础设施建设的旺盛需求。中国对外工程企业的建设质量高、速度快，有能力承揽大型铁路、公路、桥梁、隧道、电站、输变电线路以及互联网基础设施建设。中国企业走入“一带一路”，既可以满足当地经济发展的需要，又可以带动自身的发展。

关于“一带一路”，质疑声与支持声并存。面对质疑，“一带一路”建设的智慧表现为不是针锋相对，而是求真务实、真抓实干。以中国在埃塞俄比亚的基础设施建设为例，“一带一路”框架下的合作成果已经在埃塞俄比亚显露成效。其首都亚的斯亚贝巴轻轨已经建成，阿达玛风电一期、二期项目保障了电力供应，东非第一条电气化铁路亚吉铁路打通了货物出海通道……中国不仅提供贷款，而且参与建设，同时还培训当地人实现自主运营。这些举措让埃塞俄比亚能够从中获益，一个又一个类似的合作发展共赢案例，不仅回击了质疑者，也赢得了广大非洲国家的欢迎。

2017 年 4 月 7 日，在马来西亚中车公司厂区里，公司员工正在进行每周一次的户外体育足球比赛。

（二）开放型全球经济的中国智慧

全面建设开放型全球经济，是习近平新时代中国特色社会主义思想的共享发展新理念。

新中国成立 70 多年见证了全球经济从封闭经济向开放经济发展、从局部开放向全面开放发展、从浅表开放向深度开放发展的过程。同时，新中国成立 70 多年的发展也为构建平等、开放、合作、共享的全球经济治理体系贡献了中国智慧。

2013 年，《中共中央关于全面深化改革若干重大问题的决定》作出了构建开放型经济新体制的重要部署。在世界经济论坛 2017 年年会开幕式上，习近平主席发表了题为《共担时代责任　共促全球发展》的主旨演讲，为处于十字路口的全球化提供了中国方案，传递了中国智慧。

建设开放型全球经济，要求放宽外商投资市场准入。外商投资管理体制改革的方向，就是要借鉴世界越来越多国家采取“准入前国民待遇”和“负面清单”的外资管理方式，最大限度地减少和规范行政审批，纠正“重事前审批、轻事后监管”的倾向，赋予各类投资主体公平参与市场竞争的机会。

现阶段利用外资不是简单地引进资金，而是吸收国际投资中搭载的技术创新能力和先进管理经验，这对我国产业结构调整和经济转型升级至关重要。相比之下，我国服务业开放程度低，竞争力弱，仍是经济发展中的一块“短板”。壮大和发展服务业需要进一步深化改革、扩大开放。重点是推进金融、教育、文化、医疗等服务业领域有序开放，放开育幼养老、建筑设计、会计审计、商贸物流、电子商务等服务业领域的外资准入限制。

中国自由贸易区建设就是针对外资管理方式，进一步扩大开放，建设开放型经济的重大举措。2013 年 8 月 22 日，设立中国（上海）自由贸易试验区。2014 年 12 月 12 日，设立中国（广东）自由贸易试验区、中国（福建）自由贸易试验区、中国（天津）自由贸易试验区。

建设开放型全球经济，要求改革对外投资管理体制。随着中国经济与全球经济融合发展，除了“引进来”，还要“走出去”，改革对外投资管理体制被提上了议事日程。对外投资管理体制主要涉及外汇管理体制、行政审批体制、融资体制和政策支持体系，涉及面广，问题复杂，既需要大胆改革，也需要配套改革。

2017 年，商务部等四部门联合发布了《关于进一步引导和规范境外投资方向的指导意见》，坚持“三个不动摇”，努力做到“三个确保”，推进境外投资管理体制机制的改革。具体而言，“三个不动摇”是，坚持对外开放战略方向不动摇，坚持推进“走出去”战略不动摇，坚持防范境外投资风险的原则不动摇。“三个确保”是，确保企业境外投资行稳致远，确保“一带一路”建设顺利推进，确保国家金融安全和经济安全。

【延伸阅读】 2019 年中欧贸易额 4.86 万亿元人民币

2020 年 4 月 22 日，中国贸促会研究院发布的《欧盟营商环境报告 2019/2020》中显示，2019 年中欧关系继续走稳走实，中欧经贸合作成果丰硕，2019 年中欧双边贸易额为 4.86 万亿元人民币，增长速度达到 8%，中国在欧盟直接投资设立的企业超过 3200 家，雇用外方员工近 26 万人，覆盖了欧盟的所有成员国。中国企业正在为欧盟的经济增长和就业作出巨大的贡献。

报告中同时指出，欧盟及部分成员国在市场准入、市场拓展、日常监管方面均存在过度规制现象，需要进一步改善，以促进中欧经贸投资合作深化发展。

对于进一步促进中国与欧盟的投资经贸合作，报告提出三点建议：一是希望欧盟避免对市场的过度干预，在法律法规、行政执法等方面减少过度规制，给予企业合理的发展空间；二是建议欧盟更好地保障企业在市场准入、资质许可、政府采购、项目申请、标准制定等方面享受同等待遇；三是建议欧盟包容审慎对待新兴业态监管，为科技创新特别是新兴业态发展提供监管和包容并重的政策环境。

中国贸促会研究院国际贸易研究部主任赵萍表示，突如其来的新冠肺炎疫情蔓延全球，面对疫情，中国和欧盟选择坚定地站在一起，共迎挑战；面对经济发展，中国和欧盟更应该摒弃偏见，深化合作。

（内容来源：2020 年 4 月 27 日，中国国际贸易促进委员会网站，http://www.ccpit.org/Contents/Channel_3876/2020/0427/1256352/content_1256352.htm）

三、合作共赢中平等正义的共享发展

合作共赢是全球经济发展与全球治理的内在要求，中国的发展是世界的机遇。共享发展是让每一个参与者都能够享受到发展所带来的利益。

和平与发展是当今时代的主题。和平与发展相辅相成，和平既是发展的条件，也是发展的目的，只有在和平的环境下才能实现社会、经济、文化的发展，为人民谋求福祉。

（一）推动构建新型国际关系的中国智慧

新型国际关系思想内涵丰富，是新时代中国特色大国外交的实践创新与理论总结，将有助于开创中国与世界各国合作共赢的国际关系健康发展新局面。新型国际关系思想植根于中国优秀的传统文化，构建新型国际关系体现了中国文化“天下为公”“仁者爱人”“重义轻利”“兼济天下”“以和为贵”等重要理念。

新型国际关系思想顺应了当今世界的时代潮流。经济上，全球化受阻与逆全球化回潮，贸易保护主义有所抬头；安全上，大国之间发生战争的可能性大为降低，但局部地区武装冲突时有发生；文化上，多元文化并存，各种文化之间的碰撞与融合增加，宗教矛盾、民族矛盾等成为国际冲突的重要根源。

新型国际关系思想是和平发展外交的延续，是基于多年外交实践与经验的升华，与和平共处五项原则、和平发展道路等一脉相承。

上海合作组织树立了新型国际关系的典范。它是中国、俄罗斯、哈萨克斯坦、吉尔吉斯斯坦、塔吉克斯坦、乌兹别克斯坦于2001年6月15日在中国上海宣布成立的永久性政府间国际组织。目前，上海合作组织已成为人口最多、地域最广、潜力巨大的跨区域多边综合性组织。

新型国际关系思想强调以互相尊重为前提，以公平正义为准则，以合作共赢为目标。新型国际关系思想主张的共赢，不仅仅是停留在条约、协议、文字上的共赢，而且是推动每一个参与国际合作的国家都能享受到合作与发展的成果。国家无论大小，发展无论先后，基础无论好坏，凡是合作则互利，凡是合作则共赢。

（二）积极重视大国关系的中国智慧

世界格局多元化趋势并不能弱化大国在世界和平与发展进程中发挥的决定性作用，大国关系是主导国际关系发展态势的决定性力量，因此，发展同其他大国的关系，建设总体稳定、均衡发展的大国关系，是中国特色大国外交战略布局的关键环节。

在大国双边关系中，中美关系是最为重要也是最为复杂的，中美关系不仅直接影响两国人民的福祉，也影响整个世界的和平与发展。中美建交以来，两国抓住了世界经济一体化和贸易投资自由化的历史机遇，充分发挥两国经济的巨大互补优势，推动了双边经贸合作从无到有、从小到大、从单一到多元的跨越式发展。中美双边的货物贸易从建交时的 25 亿美元，扩大到 2018 年的 6335 亿美元，增长 252 倍，双边服务贸易额达到 1250 亿美元，双向直接投资接近 1600 亿美元。

2019 年 6 月 2 日，国务院新闻办公室发表的《关于中美经贸磋商的中方立场》白皮书中指出："中美经贸关系是两国关系的'压舱石'和'推进器'，事关两国人民根本利益，事关世界繁荣与稳定。""中美合则两利，斗则俱伤，合作是双方唯一正确的选择。"

中、俄两国已建立起平等信任、相互支持、共同繁荣、世代友好的全面战略协作伙伴关系，两国关系始终保持在高水平上运行，不断迈上新台阶。2019 年 6 月 5 日至 7 日，习近平主席再次对俄罗斯进行国事访问。两国元首共同签署了《中华人民共和国和俄罗斯联邦关于发展新时代全面战略协作伙伴关系的联合声明》。声明指出："中俄关系进入新时代，迎来更大发展的新机遇。"双方宣布："将致力于发展中俄新时代全面战略协作伙伴关系。"

欧盟是全球最大的发达国家联合体，已经连续 15 年保持中国最大贸易伙伴地位，是中国第一大引进技术来源地，长期以来，中欧贸易额占中国对外贸易总额的约 20%，中欧关系处于历史最好发展时期。中欧在国际上有较多的契合点，欧盟强调秩序、规则，看重多边主义和自由贸易，重视应对全球气候变化，倡导可持续发展，中国秉持与欧盟相同的立场，中欧共同利益和共识正在不断增多。

截至2018年6月底，中欧班列累计开行量已突破9000列，运送货物近80万标箱。中欧班列拉近了中欧陆上运输的距离，改变了"一带一路"沿线的物流与贸易模式，推动中欧合作，以及中欧与"一带一路"沿线地区的合作。另外，中国—东盟、中日韩、东盟与中日韩（10+3）等合作机制保持良好发展势头。

（三）加强与发展中国家的关系的中国智慧

中国始终把加强同发展中国家的团结合作作为外交政策的基本立足点，始终秉持正确义利观，大力推进与发展中国家团结合作。其中，澜湄合作机制、中非合作论坛，都是加强同发展中国家合作的典范。澜湄合作，是指中国、柬埔寨、老挝、缅甸、泰国、越南六国围绕澜沧江—湄公河流域实施可持续开发和开展互惠务实合作。推进澜湄合作有助于进一步深化睦邻友好关系，促进成员国经济社会发展，缩小地区发展差距，推动东盟共同体建设和区域一体化进程，打造应对非传统安全挑战的南南合作新典范，落实建设亚洲命运共同体战略构想。

中非合作论坛成立于2000年，是我国和非洲国家之间在南南合作范畴内的集体对话机制。2018年9月3日至4日，在北京举行的第七届中非合作论坛北京峰会确定的主题为"合作共赢，携手构建更加紧密的中非命运共同体”。会议通过《关于构建更加紧密的中非命运共同体的北京宣言》和《中非合作论坛—北京行动计划（2019—2021 年）》，确定了共同打造责任共担、合作共赢、幸福共享、文化共兴、安全共筑、和谐共生的中非命运共同体，重点实施好产业促进、设施联通、贸易便利、绿色发展、能力建设、健康卫生、人文交流、和平安全“八大行动”。

如上举措，一方面体现了中国积极发展全球伙伴关系，加强同发展中国家团结合作；另一方面推动了非洲基础设施、农业、制造业和中小企业发展，促进了非洲的繁荣稳定。中国与发展中国家将“共同发展、集约发展、绿色发展、安全发展、开放发展”理念付诸行动，创造了国际区域合作与发展的典范。

马来西亚城市街头的中国企业广告。

【全球视野】 亚投行：为全球基础设施建设贡献中国力量

亚投行是首个由中国倡议设立的多边金融机构，总部位于北京，是一家专注于基建投资的新型多边开发银行。它秉持着“简洁、廉洁、清洁”的核心价值观，赢得了世界的广泛信任。

2015年12月25日，亚投行正式成立，2016年正式运营。截至2019年7月，亚投行的发展成绩有目共睹。自成立以来，亚投行的“朋友圈”不断扩大。在2016年运营之初，亚投行共有57个成员国，而如今，亚投行成员国家和地区的数量已经达到了97个。

从2016年年初运营至今，亚投行已经批准了包括巴基斯坦、印度、缅甸等16个国家的40个贷款或投资项目，贷款或投资金额超过80亿美元。亚投行对这些国家的贷款与投资，也有力促进了这些国家的经济社会发展，惠及数亿人口，其中包括由亚投行、亚洲开发银行联合提供融资支持的巴基斯坦M4高速公路项目，建成后将完善巴基斯坦南北向高速公路网络；2016年亚投行提供2亿多美元贷款助力印度尼西亚改造贫民窟，通过修建和改造当地基础设施令一千多万居民直接或间接受益；亚投行首个独立提供融资的项目，孟加拉国配电系统升级改造工程使孟加拉国1250多万农村人口受益。

此外，亚投行还以“简洁”“廉洁”“清洁”的核心价值观来打造最干净的银行。在2017年、2018年亚投行连续两年获得了国际最权威的三大评级机构3A最高评级，获得了国际社会的普遍认可。

在拿遍国际权威信用评级机构最高评级认证后，亚投行稳扎稳打，积极布局国际融资市场，迈出向全球融资的第一步，2019年5月9日，亚投行在英国伦敦首次发行了25亿美元5年期全球债券，受到了投资者的热烈欢迎。

（内容来源:2019年7月12日，中央广播电视总台国际在线，http://news.cri.cn/20190712/fef81d85-ec94-90d0-51bb-6387b89f32af.html）

第八篇

天下为公的大同理想

“大道之行也，天下为公。”和平、发展、公平、正义、民主、自由，是全人类的共同价值，也是联合国的崇高目标。目标远未完成，我们仍需努力。

——习近平，2015 年 9 月 28 日，在美国纽约联合国总部举行的第 70 届联合国大会一般性辩论时的讲话

一、传统文化中天下为公的大同理想

“大同社会”是中国古代对理想社会的一种称谓。天下为公的大同理想，反映了人们对动乱与战争的厌恶，也反映了对“耕者有其田”的安定生活的向往。

天下为公的大同理想不仅凝聚着中国传统智慧，也是新中国成立70多年来向世界贡献的中国智慧。

治国理政中天下为公的大同理想要求：一是树立奋斗目标；二是鼓励为理想奋斗，没有理想是可悲的，对理想没有坚定不移、矢志不渝的追求同样可悲；三是提倡人民至上，天下为公。

（一）发展经济

中国自古是一个农业大国，历史上有过辉煌的农耕文明，而发展经济主要体现在推动农业生产发展上。

中国古代的经济发展思想主要是农本思想。农本思想认为农业是治国安邦的根本大计，要把发展农业放在第一位。在处理农业与商业的关系上，中国古代历代统治者的基本经济发展思想是重视农业、以农为本，限制工商业的发展。自战国时期形成“奖耕战”“抑商贾”，秦汉后“重农抑商”“崇本抑末”，到宋元“专卖”法乃至明清“海禁”，均是重农抑商的表现。在一定历史时期，“重农抑商”推动了生产力的发展。

中国古代农本思想的两个要点。

一是重视土地分配。土地问题也是社会矛盾和阶级斗争的焦点。从地权兼并程度这个视角看中国朝代更迭，可以发现这样一个规律：王朝初创时，农民都拥有土地，王朝统治进入末期，大批农民失去土地，土地集中到大地主手中，一旦遇到天灾人祸，走投无路的农民自然会被逼上“梁山”，开始暴动、起义，随后朝代更迭。因此，中国古代历代统治者都把解决农民土地问题作为执政的第一要务。

二是重视发展水利。古代农业“靠天吃饭”，水利工程对农业生产至关重要。李冰父子兴修的都江堰就是中国古代社会早期的重大水利工程。盛唐时期制定的水利灌溉法规《水部式》，对水资源的利用、分配、节约等内容有着较为详细的规定。

（二）小康社会

小康社会是天下为公的大同理想的基本目标。如果把小康理解为“仓廪实”与“衣食足”，那么和谐社会则更多地强调“知礼节”与“知廉耻”。小康社会与和谐社会不是对立的，而是叠加的。小康社会与和谐社会都是生产力发展、社会进步的产物，反过来又进一步促进物质文明与精神文明不断迈上新的台阶。

小康社会是解决了温饱的和谐社会。1979 年 12 月 6 日，邓小平在会见日本首相大平正芳时第一次提出了“小康”概念。党的十二大正式引用了这一概念，并把“小康社会”作为20世纪末的战略目标。在此基础上，胡锦涛提出了“社会主义和谐社会”。2006年10月，党的十六届六中全会审议通过了《中共中央关于构建社会主义和谐社会若干重大问题的决定》，提出了到2020年构建社会主义和谐社会的美好目标。

2012年十八大报告中首次正式提出“全面建成小康社会”。十八大报告中提出了为全面建成小康社会而奋斗的任务与目标。全面小康与邓小平设想的“小康”，或者称之为“总体小康”，是有差异的。

首先，总体小康是一个较低标准的小康，全面小康是一个

2019年10月1日，庆祝中华人民共和国成立70周年阅兵式。

较高标准的小康；其次，总体小康社会是一个偏重于物质消费的小康社会，全面小康社会除了注重物质生活提高外，还特别注意人们的精神生活、所享受的民主权利，以及生活环境的改善等方面，实现社会全面进步；最后，总体小康是一个发展较为不均衡的小康，全面小康是一个发展均衡的小康。

十九大报告中提出，当前是全面建成小康社会决胜期。全面建成小康社会是实现中华民族伟大复兴的关键一招。从总体小康到全面小康，可以看出循序渐进的中国智慧。

二、小康社会中全面和谐的社会文明

社会文明是社会领域的进步程度和社会建设的积极成果，包括社会主体文明、社会关系文明、社会观念文明、社会制度文明、社会行为文明等方面。党的十七大提出建设“五个文明”，即物质文明、政治文明、精神文明、社会文明、生态文明。

（一）多层次社保体系的中国智慧

改革开放以来，我国社会保障体系建设与发展过程并不是“从无到有”的过程，而是从不均等化到均等化的过程。在计划经济体制下，虽然不存在现代意义上的社会保障制度，但是劳动者依然有医疗、退休等相关保障制度。不过，保障体系水平低、覆盖面小，存在城乡之间的差别，存在全民所有制与集体所有制之间的差别，存在就业与待业的差别。

改革开放推动了以基本公共服务均等化为路径构建的社会保障体系。中国特色的社会保障体系是中国特色社会主义的重要组成部分，体现了“以人民为中心”的改革发展观。

党的十六大明确地把“社会保障体系比较健全”作为全面建

设小康社会的目标之一。党的十九大报告提出：“加强社会保障体系建设。按照兜底线、织密网、建机制的要求，全面建成覆盖全民、城乡统筹、权责清晰、保障适度、可持续的多层次社会保障体系。”

【国策展望】 公立医院综合改革稳步推进

2010 年，我国启动了公立医院综合改革，大致分为三个阶段：

一是试点探索阶段（2010—2014 年）。通过逐步扩大试点，积极在重点领域和关键环节探索创新，形成了“腾笼换鸟”的改革思路和“腾空间、调结构、保衔接”的改革路径，得到各方肯定。在认真总结地方经验的基础上，不断完善公立医院综合改革顶层设计，将实践证明比较成熟的改革经验和行之有效的改革举措及时上升到制度层面。

二是全面推开阶段（2015—2017 年）。截至 2017 年 9 月，全国所有公立医院全面推开综合改革，以全部实行药品零差率政策为显著标志，着力破除以药养医机制，推进补偿机制改革，初步建立了新的运行机制。

三是巩固深化阶段（2018 年及以后）。党的十九大报告中明确要求，全面取消以药养医，健全现代医院管理制度，全面建立优质高效的医疗卫生服务体系。《深化党和国家机构改革方案》

中要求，组建国家卫生健康委员会，推动实施健康中国战略，把以治病为中心转变到以人民健康为中心。这些都为新时代公立医院综合改革指明了前进方向。

从评估情况来看，公立医院综合改革取得重大阶段性成效。

一是改革目标体现公益性，把公立医院综合改革作为保障和改善民生的重要举措，将公平可及、群众受益作为改革出发点和立足点，充分发挥公立医院公益性质和主体作用，着力解决群众看病就医难题。

二是改革路径体现综合性，以实行药品零差率为突破口，统筹推进医疗价格、人事薪酬、药品流通、医保支付等各项改革。坚持改革与改善相结合，不断增强公立医院活力，增强人民群众改革获得感。

三是补偿方式体现多元性，通过调整医疗服务价格、增加政府投入、医院加强管理内部消化等途径，多措并举补偿公立医院减少的合理收入。

四是改革成效体现多赢性，公立医院收入结构逐步优化，医务人员收入水平逐年提高，2018 年全国公立医院人员支出占业务支出比例达到 37%，群众就医负担持续减轻，2018 年个人卫生支出占卫生总费用比重下降至 28.7%。

（内容来源：2019 年 9 月 25 日，新华网，http://www.xinhuanet.com/politics/2019-09/25/c_1210291935.htm 节选）

（二）人民健康优先发展的中国智慧

党的十八大以来，以习近平同志为核心的党中央把全民健康作为全面小康的重要基础，强调把人民健康放在优先发展的战略位置。党的十九大提出“实施健康中国战略”。

实施健康中国战略要完善国民健康政策，为人民群众提供全方位、全周期的健康服务。深化医药卫生体制改革，全面建立中国特色基本医疗卫生制度、医疗保障制度和优质高效的医疗卫生服务体系，健全现代医院管理制度。加强基层医疗卫生服务体系和全科医生队伍建设。全面取消以药养医，健全药品供应保障制度。坚持预防为主，深入开展爱国卫生运动，倡导健康文明生

山西和顺县一扶贫工厂里，附近的贫困户村民在家门口就解决了就业。

活方式，预防控制重大疾病。实施食品安全战略，让人民吃得放心。坚持中西医并重，传承发展中医药事业。支持社会办医，发展健康产业。促进生育政策和相关经济社会政策配套衔接，加强人口发展战略研究。积极应对人口老龄化，构建养老、孝老、敬老政策体系和社会环境，推进医养结合，加快老龄事业和产业发展。

（三）全民住有所居的中国智慧

习近平总书记在十九大报告中强调："坚持房子是用来住的，不是用来炒的定位，加快建立多主体供给、多渠道保障、租购并举的住房制度，让全体人民住有所居。"这为住房制度改革指明了方向、路径、目标。

只有建立多主体供给、多渠道保障、租购并举的住房制度，才能保持房子"居住"的基本属性，才能实现全体人民住有所居的宏伟目标。这就要求住房制度改革与新型城镇化发展同频，因地制宜、因城施策，引导住房需求合理分布，与规划、公共服务制度等改革共振，优化城市空间结构，均衡配置公共资源，统筹解决群众住房及衍生需求。

从供给侧看，市场主要提供商品住房和租赁住房，重点发展住房租赁市场，推进"租售同权"；政府主要提供共有产权住房、公共租赁住房、棚改安置住房等保障性住房，完善准入退出机制，共同构成覆盖不同群体、相互衔接、满足多层次需求的住房供应体制。从需求侧看，政府通过完善住房公积金制度、差别化信贷政策等手段支持群众市场化住房的合理需求，通过实物配租、货币补助等方式满足保障性住房的基本需求。

（四）办人民满意的教育的中国智慧

办人民满意的教育必须系统回答和解决“培养什么人、怎样培养人、为谁培养人”这一根本问题。我国是中国共产党领导的社会主义国家，这就决定了我们的教育必须把培养社会主义建设者和接班人作为根本任务，培养一代又一代拥护中国共产党领导和我国社会主义制度、立志为中国特色社会主义奋斗终身的有用人才。

教师是立教之本、兴教之源，必须把教师队伍建设作为基础工作，建设一支宏大的高素质专业化教师队伍。改革是教育事业发展的根本动力，必须更加注重教育改革的系统性、整体性、协同性，以改革激活力、增动力。加强党对教育工作的全面领导，是办好教育的根本保证，必须牢牢掌握党对教育工作的领导权，坚持党对教育事业的全面领导。

办人民满意的教育必须高度重视素质教育。习近平总书记高度重视素质教育，强调“素质教育是教育的核心”。十九大报告中也强调“发展素质教育”。发展素质教育：一要面向全体学生；二要使每个学生德智体美全面发展；三要使每个学生个性得到充分发展。

办人民满意的教育必须遵循教育发展规律。一方面，要适应并促进人的全面发展；另一方面，要适应并促进社会进步。同时，遵循教育发展规律，使学前教育、义务教育、高中教育、职业教育和高等教育协调发展。

办人民满意的教育必须加快教育现代化。加快教育现代化，既要使我国教育达到世界先进水平，又要充分体现我国教育的特点。换言之，我国的教育现代化不是跟在世界教育强国后面亦步亦趋，而是发展具有中国特色、世界水平的现代教育。

【国策展望】高职院校扩招：2019 年扩招 100 万人

2019 年 3 月 5 日，李克强总理作政府工作报告，首次提到要对高职院校实施扩招，人数是 100 万人。

李克强指出，加快发展现代职业教育，既有利于缓解当前就业压力，也是解决高技能人才短缺的战略之举。改革完善高职院校考试招生办法，鼓励更多应届高中毕业生和退役军人、下岗职工、农民工等报考，今年大规模扩招 100 万人。

此外，还要扩大高职院校奖助学金覆盖面、提高补助标准，加快学历证书和职业技能等级证书互通衔接。改革高职院校办学体制，提高办学质量。

李克强指出，中央财政大幅增加对高职院校的投入，地方财政也要加强支持。设立中等职业教育国家奖学金。支持企业和社会力量兴办职业教育。我们要以现代职业教育的大改革大发展，加快培养国家发展急需的各类技术技能人才，让更多青年凭借一技之长实现人生价值，让三百六十行人才荟萃、繁星璀璨。

（内容来源：2019 年 3 月 9 日，中青在线，http://news.cyol.com/yuanchuang/2019-03/09/content_17943809.htm）

三、强国时代普天同庆的伟大复兴

党的十九大报告指出："经过长期努力，中国特色社会主义进入了新时代，这是我国发展新的历史方位。"

2018 年 11 月 13 日，习近平总书记在参观"伟大的变革——庆祝改革开放 40 周年大型展览"时指出："改革开放 40 年来，在中国共产党坚强领导下，中国人民艰苦奋斗、顽强拼搏，用双手书写了国家和民族发展的壮丽史诗，中华大地发生了感天动地的伟大变革。"这是强国时代普天同庆的伟大复兴。

（一）科技创新和创新驱动的中国智慧

2018 年 6 月，习近平总书记在中央外事工作会议上提出了一个重大论断，即"当前中国处于近代以来最好的发展时期，世界处于百年未有之大变局"。

百年未有之大变局是科技的大变局。第四次工业革命方兴未艾，人工智能、机器人技术、虚拟现实以及量子科技等蓬勃发展，将深度改变人类生产和生活方式，对变局发展产生重要的影响。跨国公司的作用持续上升，是重塑变局的一个新的重要变量。科技大变局“倒逼”国家治理机制、手段、执行力现代化。国际经济竞争从贸易竞争转向高科技竞争，从劳动效率的成本竞争转向科技含量的技术竞争。对于科技创新的重点，习近平总书记强调要拥有核心技术。同时，重视科技转化为生产，对于科技专利与科技标准也予以高度关注。

百年未有之大变局是世界秩序的大变局。世界秩序的大变局体现在：第一，全球化面临逆全球化的变局；第二，全球政治经济秩序与主要国际协议面临大国“退群”的局面。美国先后退出《跨太平洋伙伴关系协定》《巴黎协定》、联合国教科文组织、《伊核协议》等，推动以双边关系取代多边协议，将持续冲击现有国际秩序。

面对百年未有之大变局，要深刻领悟毛泽东《论持久战》的当代价值，既要反对新的“投降论”，又要反对新的“速胜论”；既要有“泰山崩于前而色不变”的英雄气概与定力，又要有“运筹帷幄之中，决胜千里之外”的中国智慧与战略思维。

（二）军队和国防现代化的中国智慧

对于军队与国防现代化，习近平总书记在党的十九大报告中提出要求：“着眼于实现中国梦强军梦，制定新形势下军事战略方针，全力推进国防和军队现代化。”

树立总体国家安全观。2014 年 4 月 15 日，习近平总书记在中央国家安全委员会第一次全体会议上首次明确提出了“总体国家安全观”。总体国家安全观要求构建集政治安全、国土安全、军事安全、经济安全、文化安全、社会安全、科技安全、信息安全、生态安全、资源安全、核安全等于一体的国家安全体系。

全面推进军队和国防现代化。特别是党的十八大以来，以习近平同志为核心的党中央着眼实现中国梦、强军梦——“建设一支听党指挥、能打胜仗、作风优良的人民军队”，深入推进政治建军、改革强军、科技兴军、依法治军，着力强化练兵备战，积极推动军民融合发展，率领全军官兵开创了强军兴军新局面。

加强党对军队的绝对领导。党对人民军队的绝对领导有一整套的制度来保证。这些制度包括：坚持军队最高领导权和指挥权属于党中央和中央军委，中央军委实行主席负责制，实行党委制、政治委员制、政治机关制；实行党委统一的集体领导下的首长分工负责制；实行支部建在连上；等等。

全面实施强军战略。党的十八大以来，习近平总书记提出把深化国防和军队改革纳入全面深化改革总体方案，把军队改革上升为党的意志和国家行为。全面实施强军战略的中国智慧体现在：一方面，正确处理国防建设与国家经济建设的关系；另一方面，实行军民融合发展战略。

正确处理国防建设与国家经济建设的关系，是中国这样一个发展中大国的军队改革要解决的特殊问题，也是影响全局的重大问题。

党的十八大以来，习近平总书记提出，坚持实施军民融合发展战略，加快把国防和军队建设融入经济社会发展体系，实现国防和军队建设更高质量、更高效益、更可持续发展。国防科技和武器装备建设由跟跑、并跑向并跑、领跑转变，我国自主设计建造的航空母舰下水，歼 -20、运 -20 等一批先进武器装备列装部队，“天河二号”超级计算机、“北斗二号”卫星工程等一批关键技术实现重大突破。

【延伸阅读】 铁流滚滚，向着胜利的方向

2019 年 10 月 1 日上午，宽阔的长安街，铁甲生辉：一辆辆坦克、战车披坚执锐，一枚枚火炮、导弹昂首向前，一台台新型装备惊艳亮相……

在庆祝中华人民共和国 70 岁生日的盛大阅兵式上，32 个装备方队以崭新阵容接受党和人民检阅。规模之大、类型之全均创历史之最，编组之新、要素之全彰显强军成就。

震撼亮相武器装备方阵堪称“强军利刃”“强国之盾”，见证着人民军队迈向世界一流军队的坚定步伐！

阅兵分列式上，带领 580 台（套）装备接受检阅的，是首次亮相国庆阅兵场的战旗方队。东、南、西、北、中五大战区指挥员挺立排头，25 辆猛士敞篷车载着解放军历史上涌现出的 100 面荣誉战旗迎风招展。

“铁军”“大渡河连”“平型关大战突击连”“塔山英雄团”“董存瑞班”“杨根思连”“神威导弹营”……闪耀在辉煌战史上的一面面旗帜，记载着人民军队从胜利走向胜利的奋进历程。

紧随战旗方队之后的是坦克方队。22 辆 99A 坦克呈“箭”形布势，象征着“陆战之王”勇往直前、所向披靡的气势。作为我国自主研发的新一代主战坦克，99A 坦克是我军陆战体系的拳头装备。

新型箱式火箭炮、油电混合动力全地形车、超低空突击旋翼机、“黑色幽灵”高空高速无人侦察机……“受阅装备集中体现了我军联合作战装备体系的构成。”阅兵联合指挥部办公室常务副主任谭民说。人民军队武器装备脱胎换骨式的发展，集中展示了新中国成立 70 年来国防科技工业发展水平和军队建设巨大变化。

从“陆上猛虎”到“海中蛟龙”，从联合防空“火力网”到战略打击“东风家族”……32 个装备方队类型多样、要素齐全，编组令人耳目一新。

打破军兵种建制、按联合作战体系进行模块化编组，是受阅装备方队的一大亮点。这次阅兵，装备方队共编陆上作战、海上作战、防空反导、信息作战、无人作战、后装保障、战略打击等七大模块，集中体现信息主导、体系支撑、精兵作战、联合制胜的鲜明特点。

雄伟的天安门，宽阔的长安街，永远铭记着人民军队奋进新时代、勠力为强军的铿锵足音！

（内容来源：2019 年 10 月 2 日，新华网，http://www.xinhuanet.com/mil/2019-10/02/c_1210299710.htm 节选）

第九篇

协和万邦的宽广胸怀

自古以来，中华民族就以“天下大同”“协和万邦”的宽广胸怀，自信而又大度地开展同域外民族交往和文化交流，曾经谱写了万里驼铃万里波的浩浩丝路长歌，也曾经创造了万国衣冠会长安的盛唐气象。

——习近平，2018年12月18日，在庆祝改革开放40周年大会上的讲话

一、传统文化中协和万邦的宽广胸怀

协和万邦的宽广胸怀一方面体现了以德治国的治国理政智慧，另一方面体现了以德服人的外交智慧。协和万邦的中国智慧主张“非战”“和为贵”。

习近平总书记指出：“和平、和睦、和谐的追求深深植根于中华民族的精神世界之中。中国人自古就提出了‘国虽大，好战必亡’的箴言，‘以和为贵’‘天下太平’‘天下大同’等理念世代相传。”

协和万邦的宽广胸怀与孕育中华文化的地理环境、民族特性、经济发展等有着密不可分的关系。自秦统一中国以来，统一是主流、稳定是主流、开放是主流、和平是主流。生存与经济发展的需求凝结成了传统文化中协和万邦的宽广胸怀与中国智慧。

（一）协和万邦的宽广胸怀提倡以和为贵

中国古代的圣人崇尚“协和万邦”。协和万邦的宽广胸怀，用费孝通的16字箴言表达就是“各美其美，美人之美，美美与共，天下大同”。这16字箴言体现了中国智慧，表达了主张互相尊重、互相学习、互相借鉴、互相欣赏、和平共处的世界观。

中华文化具有包容性，中国文明不具有侵略性。利玛窦在《利玛窦中国札记》中这样写道，尽管中国人拥有装备精良的部队和海军，要征服邻邦，轻而易举，但皇帝和人民，都不曾考虑对外发动侵略战争。协和万邦的宽广胸怀主张文明对话，反对文明冲突。文明的多样性是人类的宝贵遗产，不同文明需要互相学习、互相借鉴。

（二）协和万邦的宽广胸怀提倡法治天下

在亚欧大陆东部，“大一统”是中国政治的特点；在亚欧大陆西部，邦国有多个是欧洲政局的特点。随着资本主义的发展，欧洲各国面临着资源、市场、利益的分配。处理国际关系首先需要确定共同认可的准则，于是，威斯特伐利亚体系产生。

威斯特伐利亚体系是欧洲 30 年战争结束而签订的一系列和约的统称。威斯特伐利亚体系的建立有两个重大成就：第一，确立了国家主权至上的国际基本原则。曾经一统天下的神权世界已经趋于瓦解，民族国家开始登上历史舞台，国家之上不再有任何权威。第二，确立了通过签订协议解决争端的国际原则。之后，和平商议、协调解决成为解决国际争端的主要模式。同时，和约初次规定了缔约国不得破坏和约条款，主张对违约国家实行集体制裁。

威斯特伐利亚体系确立的国家主权平等原则，创立了以国际会议解决国际争端的先例，标志着近代国家关系的形成，它也是国际法的源头，是国际关系史上的一座里程碑。但是，世界历史的发展证明，威斯特伐利亚体系虽然具有进步性，但是依然无法解决国际争端、消除战争、缔造持久和平。

二、国际交往中合道顺德的正义理念

在国与国之间交往中，国家利益处于第一位。19 世纪英国政治家和作家本杰明·迪斯雷利有一句名言：家与家之间没有永恒的朋友，也没有永恒的敌人，只有永恒的利益！外交关系肯定首先是利益关系，国家利益至上是外交关系的准则，但是，国与国的交往也要讲是非曲直。

国际社会中通行的交流沟通语言就是“法律”。尊重国际法，尊重国际组织规章制度，尊重双边协议或者多边协议。用法律思维、法律语言、法律行为规范表达“道”与“德”，才能掌握国际社会的话语权。

（一）和平外交的中国智慧

世界和平呼唤和平力量，呼唤和平文化。中国历来崇尚“和为贵”，中国梦是和平梦。全世界的兵法都在告诉我们怎样去打胜仗，只有中国的兵法告诉我们，最好不要打。中国承诺无论发展到什么程度，都不会威胁谁，都不会颠覆现行国际体系，都不会谋求建立势力范围。中国始终是世界和平的建设者、全球发展的贡献者、国际秩序的维护者。

党的十九大报告指出："中国坚定奉行独立自主的和平外交政策，尊重各国人民自主选择发展道路的权利，维护国际公平正义，反对把自己的意志强加于人，反对干涉别国内政，反对以强凌弱。中国决不会以牺牲别国利益为代价来发展自己，也决不放弃自己的正当权益，任何人不要幻想让中国吞下损害自身利益的苦果。中国奉行防御性的国防政策。中国的发展不对任何国家构成威胁。中国无论发展到什么程度，永远不称霸，永远不搞扩张。"

中国坚定维护以联合国为核心的国际体系，坚定维护以《联合国宪章》宗旨和原则为基石的国际关系基本准则，坚定维护联合国权威和地位，坚定维护联合国在国际事务中的核心作用。主张国家无论大小一律平等，国家相互尊重、平等相待，走对话而不对抗、结伴而不结盟的国际交往新路。

中国主张通过对话协商解决分歧与争端。为此，中国向一些不发达国家提供人道主义援助，加大对国际刑警组织执法能力建设支持力度，支持建立全球培训体系，帮助发展中国家培训执法人员，积极参与联合国维和行动等。和平是发展的基础，发展是和平的保障。

2018 年 6 月 9 日，上海合作组织青岛峰会欢迎宴会在青岛国际会议中心举行。习近平总书记指出："山东是孔子的故乡和儒家文化发祥地。儒家思想是中华文明的重要组成部分。儒家倡导'大道之行，天下为公'，主张'协和万邦，和衷共济，四海一家’。这种‘和合’理念同‘上海精神’有很多相通之处。‘上海精神’坚持互信、互利、平等、协商、尊重多样文明、谋求共同发展，强调求同存异、合作共赢，在国际上获得广泛认同和支持。”

（二）全球治理的中国智慧

共同应对全球挑战。既然人类已经处在“地球村”中，那么各国公民的另一个身份就是地球公民，全球的利益同时也就是公民的利益，一个国家采取有利于全球利益的举措，也就同时服务了本国利益。全球利益与国别利益日益密切结合，最终形成“你中有我、我中有你”的全球利益共同体。任何一环出现问题，都可能导致全球利益链中断。因此，中国呼吁全球共同治理。

习近平总书记阐述了共同治理观。他指出：“共同应对全球性挑战。金砖国家同呼吸、共命运，既是息息相关的利益共同体，也是携手前行的行动共同体。我们要加强在重大国际问题以及地区热点上的协调沟通，共同行动，推动热点问题的政治解决，携手应对自然灾害、气候变化、传染病疫情、恐怖主义等全球性问题。既要联合发声，倡导国际社会加大投入，也要采取务实行动，推动解决实际问题，注重标本兼治、综合施策，从根源上化解矛盾，为国际社会实现长治久安做出贡献。”

全球共同治理的主要方式是“共商共建共享”，方向是“倡导国际关系民主化”。习近平总书记在十九大报告中指出：“中国秉持共商共建共享的全球治理观，倡导国际关系民主化，坚持国家不分大小、强弱、贫富一律平等，支持联合国发挥积极作用，支持扩大发展中国家在国际事务中的代表性和发言权。中国将继续发挥负责任大国作用，积极参与全球治理体系改革和建设，不断贡献中国智慧和力量。”

积极参与全球治理。习近平总书记强调，全球治理格局取决于国际力量对比，全球治理体系变革源于国际力量对比变化。我们要坚持以经济发展为中心，集中力量办好自己的事情，不断增强我们在国际上说话办事的实力。我们要积极参与全球治理，主动承担国际责任，但也要尽力而为、量力而行。为此，一要把自身发展与夯实国力放在首位，只有把自己的事情做好，才有能力参与全球治理；二要在“干中学”，中国融入全球治理体系的时间不长，需要了解情况，建立广泛的伙伴体系，保持战略定力，避免战略透支，实事求是、量力而行。

【延伸阅读】“二战”来华犹太人几乎全部幸存

在哈尔滨近郊，一座被称作“皇山墓地”的公墓中完好地保存着远东地区规模最大的犹太人公墓。2004年6月，时任以色列副总理奥尔梅特访华期间专程到哈尔滨祭扫祖父母和亲友的墓地。他说：“感谢你们保护好我们家族的过去，并让在这里的犹太人感受到尊严，我们将永远铭记中国人的恩情。”

同年9月，100余位原居中国的犹太人及后裔来到这里拜谒先人，他们把中国视为“自己的再生之地和故乡”。

上海、哈尔滨曾是犹太难民的“挪亚方舟”。黑龙江省社会科学院犹太研究中心李述笑介绍，哈尔滨曾是犹太人在近代远东地区最大的政治、经济、文化中心，这里的犹太社区人数最多时达到2.5万余人，他们在这里形成了完整的社会体系。

随着法西斯对犹太人迫害增多，大批犹太人纷纷从哈尔滨辗转到中国的其他城市——天津、上海等地。仅上海一地，从1933年到1941年，就先后接纳了3万多名来自欧洲的犹太难民。除数千人经上海去了第三国外，到1941年12月珍珠港事件发生时，仍有大约2.5万犹太难民在上海栖身。当时中国接纳的犹太难民比加拿大、澳大利亚、新西兰、南非和印度所接纳的犹太难民的总和还要多。几乎所有在中国的犹太人都熬过“二战”而幸存下来了。

上海社会科学院犹太研究中心副主任王健说，从纳粹屠刀下逃亡的犹太人不仅在中国找到了避难所，还得到了同样处于困境中的中国人民的鼎力相助。所幸，最终几乎所有在中国的犹太人都熬过“二战”而幸存了下来，靠的就是世界各地犹太人以及中国人民无私的帮助。

中国实行改革开放以来，当年的中国犹太人纷纷携子女重返“故里”寻“根”访友，有的还来华投资经商，参与到“故里”经济发展的热潮之中。在时隔30年之后的1978年，劳伦斯·嘉道理勋爵再次造访“故里”时，在留言簿上写道：“我们对自己从小生长的国家充满感激之情。”此后，他在大亚湾核电站投资数亿美元，被誉为该工程的港方开拓者。

（内容来源：2010年4月16日，中国青年网，http://t.m.youth.cn/transfer/index/url/wenhua.youth.cn/ls/gjms/201004/t20100416_1206134_1.htm 节选）

三、构建人类命运共同体

人类命运共同体理念是新中国成立 70 多年来对全球治理贡献的中国智慧。

该理念散发着智慧的光芒：人类命运共同体理念具有开放性；人类命运共同体理念与《联合国宪章》及联合国提出的全球治理观相一致；人类命运共同体理念与保护主义、孤立主义、反全球化相对立。

人类命运共同体是责任共同体、利益共同体、行动共同体。当今世界，没有任何一个国家可以做到“闭关锁国”，也没有任何一个国家可以回到“孤立主义”。

2013 年 3 月 23 日，习近平主席在俄罗斯莫斯科国际关系学院发表讲话，首次提出“人类命运共同体”倡议。他指出：“这个世界，各国相互联系、相互依存的程度空前加深，人类生活在同一个地球村里，生活在历史和现实交汇的同一个时空里，越来越成为你中有我、我中有你的命运共同体。”

2017 年 2 月，联合国社会发展委员会第 55 届会议协商一致通过“非洲发展新伙伴关系的社会层面”决议，“构建人类命运共同体”理念首次被写入联合国决议。

构建人类命运共同体是习近平总书记精准归纳当今世界所面临的时代问题之后给出的科学回答，是在世界范围内实现共产主义的清晰明确的路线图，是中国共产党人发展马克思主义的最新理论成果，是今天中国的马克思主义。

坚持推动构建人类命运共同体是党的十九大报告中提出的新时代坚持和发展中国特色社会主义的基本方略之一。在十九大报告中，“人类命运共同体”这一概念被提及6次，其重要性可想而知。

（一）全球合作解决金融危机的中国智慧

在经济全球化背景下，一国发生的危机通过全球化机制的传导，可以迅速波及全球，危及国际社会整体。1997年亚洲爆发金融危机，泰铢贬值引发了金股汇大跌。2008年美国次贷危机引发了全球金融海啸。这类主要由局部金融危机引发的全球金融危机，不仅打乱了世界经济发展的节奏，而且洗涤了各国发展过程中创造的财富。

全球合作解决金融危机的中国智慧体现在：一是1997年亚洲金融危机爆发后，中国从稳定东南亚及亚洲金融的全局出发，没有让人民币贬值，而是通过稳定人民币汇率协助东盟国家渡过危机，通过支持香港特别行政区政府在金融市场上击溃金融大鳄而消除其继续肆虐东南亚的爪牙；二是2008年美国次贷危机爆发，中国既没有趁机抛售美元与美债，也没有让人民币贬值，而是发挥了中国经济在世界经济与国际金融中“稳压器”的作用。

建设一个共同繁荣的世界，各国特别是主要经济体要加强宏观政策协调，维护世贸组织规则，支持开放、透明、包容、非歧视性的多边贸易体制，构建开放型世界经济。经济全球化的大方向是正确的，我们要引导经济全球化健康发展，加强协调、完善治理，推动建设开放、包容、普惠、平衡、共赢的经济全球化，着力解决公平公正问题。

（二）全球合作维护世界秩序的中国智慧

冷战结束后，重建的当前世界秩序在美国的主导下已经运转了数十年。冷战的结束使得西方普遍认为，西方的自由民主制度是人类历史最好的制度，西方无须对这一制度进行任何改革了。福山“历史终结论”就是西方这种乐观情绪的学术反映。然而，现实情况是，西方的自由民主制度正面临前所未有的挑战，它既不是适合所有国家的普遍真理，也不是推动经济发展的灵丹妙药。

自 1978 年以市场为导向的改革开放开始，中国市场逐步向私营和外国企业开放，价格管制被取消，2001 年中国加入世贸组织并成为主要出口国。经济持续增长不仅使得中国跃居世界第二大经济体，而且使得中国成为西方倡导的全球化的坚定拥护者、积极实践者，成为多边主义和自由贸易的坚定维护者。

全球合作维护世界秩序的中国智慧体现在几个方面。第一，中国是国际秩序的维护者：中国是联合国及其他国际组织的积极参与者与当今世界秩序的积极维护者，主张自由贸易，反对单边主义和保护主义；第二，中国是国际秩序的改革者：中国愿意与其他国家携手推动国际秩序的改革，而不是改变现有国际秩序，或者重新创造一个新的国际秩序。对于现有国际经济秩序，不是推倒重来，不是另起炉灶，而是建设性地完善。

目前，中国已经成为全球开放型经济的参与者、推动者、贡献者。习近平总书记强调指出："中国将坚定不移地奉行互利共赢的开放战略，坚持正确义利观，发展开放型经济体系，全方位加强和拓展同亚洲和世界各国的互利合作。"

面对越来越多的全球性问题，任何国家都不可能独善其身，任何国家要想自己发展，必须让别人发展；要想自己安全，必须让别人安全。

第十篇

天人合一的自然主义

现在，生态文明建设已经纳入中国国家发展总体布局，建设美丽中国已经成为中国人民心向往之的奋斗目标。中国生态文明建设进入了快车道，天更蓝、山更绿、水更清将不断展现在世人面前。

——习近平，2019 年 4 月 28 日，在 2019 年中国北京世界园艺博览会开幕式上的讲话

一、传统文化中天人合一的自然主义

新中国成立70多年来向世界贡献了天人合一的自然主义智慧。

天人合一的自然主义智慧主要集中在政治、伦理和精神境界层面，其核心观点是：人与自然和谐相处；人与人和谐相处；人要按照自然规律改造自然，人要按照自然规律生产、生活，才能养生与延年益寿。

（一）天人合一的自然主义提倡辩证生态发展观

传统文化中天人合一的自然主义孕育了辩证生态发展观，反对通过大量消耗自然资源片面追求经济增长。辩证生态发展观的智慧体现为整体生态观和发展生态观。

整体生态观认为，需要树立人与自然、人与人、人与社会共生共荣的整体发展理念，这种发展理念强调人与自然之间不仅存在着能量的相互交换，而且构成“生命共同体”。将人与自然看作一个整体，这是对人类自我中心主义的超越。

发展生态观认为，人与自然构成的“生命共同体”不是静止不动的，而是发展变化的。“生命共同体”是生命系统，是动态平衡的系统，是协调发展的系统，是包容开放的系统。人类欲望无限性与自然资源有限性之间的矛盾是常态，但是解决矛盾并不一定以冲突方式进行，解决矛盾最好的方式就是发展，在发展的动态中取得新的平衡。

（二）天人合一的自然主义提倡全球生态文明观

天人合一的自然主义孕育了全球生态文明观。全球生态文明观的智慧体现为全球生态责任观和全球生态治理观。

全球生态责任观认为，生态环境问题是最典型的超越国家和地区界限的全球性问题。全球温室气体排放、臭氧层破坏、化学污染、总悬浮颗粒物超标以及生物多样性降低等日益严重的生态环境问题，已经不仅是某个国家或者地区的问题，而是全球面对的共同生态威胁。世界各国都应担负起保护生态环境、维护生态平衡的责任和义务，加强合作、共同应对。习近平总书记指出："建设生态文明关乎人类未来。国际社会应该携手同行，共谋全球生态文明建设之路。"

全球生态治理观主张治理全球生态环境问题，需要采取协调行动、持续行动，全球不同国家与地区共同行动，即对于全球面对的共同问题，需要全球治理。

《巴黎协定》是继1992年《联合国气候变化框架公约》、1997年《京都议定书》之后，人类历史上应对气候变化的第三个里程碑式的国际法律文本，形成2020年后的全球气候治理格局。《巴黎协定》中提出加强应对气候变化对全球的威胁，采取全球协调行动。比如，21 世纪下半叶实现温室气体净零排放。《巴黎协定》最突出的贡献是明确了具有可执行的“硬指标”。

2016 年 9 月 3 日中国加入《巴黎协定》，成为第 23 个完成批准协定的缔约方。我国作为人口众多、资源相对短缺的发展中国家，治理生态环境、保障生态安全，正是切实履行对国际社会绿色发展的政治承诺和自觉担当，体现了我国对人类长远发展的高度负责。绿色发展理念已经被提升为国家发展战略，这充分体现了中国共产党作为马克思主义先进政党的胸怀、视野，充分彰显了中国共产党作为负责任大国执政党的使命担当。

【权威发布】“蓝天保卫战”成绩亮眼

2019—2020 年秋冬季，蓝天保卫战交出了一份亮丽的成绩单。三大重点区域均大幅超额完成空气质量改善目标，PM2.5 平均浓度同比下降 14.9%，重污染天数同比下降 39%。

2020 年是打赢蓝天保卫战三年行动计划收官之年。随着末端治理减排潜力逐渐收窄，要转变发展方式，实施差异化、精细化、动态化治理，才能挖掘更多减排潜力。

生态环境部通报三大重点区域 2019—2020 年秋冬季环境空气质量目标完成情况：京、津、冀及周边地区“2+26”城市、长三角地区、汾渭平原均超额完成 PM2.5 平均浓度降幅、重污染天数下降目标。不过，依然有少数城市没有完成空气质量改善目

国家电网多举措助力打赢蓝天保卫战。

标，山西运城市是唯一一个PM2.5平均浓度降幅与重污染天数下降目标均未完成的城市。

分区域来看，长江三角地区空气质量改善幅度最大，PM2.5平均浓度为46微克/立方米，同比下降16.4%；发生重污染60天次，同比减少58%。

京、津、冀及周边地区“2+26”城市次之，PM2.5平均浓度为70微克/立方米，同比下降13.6%；发生重污染395天次，同比下降36.2%。

三大重点区域80个城市中，多数城市完成了各自空气质量改善目标，76个城市PM2.5平均浓度降幅满足目标要求，75个城市满足重污染天数下降目标要求。

（内容来源:2020 年 4 月 27 日，新华网，http://www.xinhuanet.com/politics/2020-04/27/c_1125909579.htm 节选）

二、发展进程中追求绿色的发展理念

绿色发展理念体现了天人合一自然主义的中国智慧。

在党的十八届五中全会上，习近平总书记提出创新、协调、绿色、开放、共享“五大发展理念”，将绿色发展作为关系我国发展全局的一个重要理念。

习近平总书记就促进人与自然和谐发展提出一系列新思想、新观点、新论断，凝聚形成绿色发展理念，推动了马克思主义生态文明理论在当代中国的创新发展。

对于生态文明与民生的关系，习近平总书记指出：“良好生态环境是最公平的公共产品，是最普惠的民生福祉。”“环境就是民生，青山就是美丽，蓝天也是幸福。”

对于生态文明与经济发展的关系，习近平总书记指出：“要正确处理好经济发展同生态环境保护的关系，牢固树立保护生态环境就是保护生产力、改善生态环境就是发展生产力的理念，更加自觉地推动绿色发展、循环发展、低碳发展，决不以牺牲环境为代价去换取一时的经济增长 。”“我们既要绿水青山，也要金山银山。宁要绿水青山，不要金山银山，而且绿水青山就是金山银山。”

天人合一自然主义的中国智慧与追求绿色发展理念是一致的：天人合一的自然主义不是不发展，而是主张绿色发展；天人合一的自然主义不是只发展不保护，而是主张兼顾发展与保护，认为保护生态环境就是保护生产力，改善生态环境就是发展生产力。

（一）生态文明发展观的中国智慧

生态文明发展观为马克思主义自然生产力理论注入了时代内涵。

生态文明将是继工业文明之后的一种新的文明形态，是人类对传统工业文明进行深刻反思的成果。其根本指向就是要解决人的发展与自然环境及资源承载力之间的矛盾，实现人与自然和谐共生。

人与自然和谐共生是生态文明建设的本质特征。新时代生态文明建设应树立尊重自然、顺应自然、保护自然的生态文明理念，着眼于保护生态环境关系到人民的根本利益和中华民族的长远利益。

人与自然和谐共生是生态文明建设的时代要求。生态文明是对工业文明的超越，是对粗放式经济发展方式的超越，因此转变经济发展方式是生态文明时期的经济发展要求，而转变经济发展方式需要改变资源短缺趋紧的局面，需要改变生态环境恶化状况，需要满足人民日益增长的美好生活的需要。

人与自然和谐共生是实现中华民族永续发展的根本保障。人与自然和谐共生，客观要求倡导绿色发展理念，绿色发展理念是正确处理经济发展与生态环境保护之间关系的思想基础，在经济发展的各方面融入绿色发展理念，推动形成绿色发展方式和生活方式，这是实现中华民族永续发展的根本保障。

（二）“五位一体”总体布局的中国智慧

“五位一体”总体布局将生态文明建设纳入新时代发展战略。十八大报告指出，建设中国特色社会主义，总依据是社会主义初级阶段，总体布局是“五位一体”，总任务是实现社会主义现代化和中华民族伟大复兴。党的十九大报告重申，“明确中国特色社会主义事业总体布局是‘五位一体’、战略布局是‘四个全面’，强调坚定道路自信、理论自信、制度自信、文化自信”。

2012年，“五位一体”提法正式进入了党的十八大报告。2012年11月17日，习近平总书记在第十八届中共中央政治局第一次集体学习时指出：“党的十八大把生态文明建设纳入中国特色社会主义事业总体布局，使生态文明建设的战略地位更加明确，有利于把生态文明建设融入经济建设、政治建设、文化建设、社会建设各方面和全过程。”

党的十九大站在历史和全局的战略高度，将生态文明纳入执政理念与发展战略中，制定了“坚持稳中求进工作总基调，统筹推进‘五位一体’总体布局，协调推进‘四个全面’战略布局”的新时代发展战略。

统筹推进“五位一体”总体布局，要有一盘棋思维。必须重点做到“四个坚持”，即坚持以人民为中心的价值观、坚持协调发展的整体观、坚持全面深化的改革观、坚持“功成不必在我”的政绩观。

统筹推进“五位一体”总体布局，要突出重点。统筹推进“五位一体”总体布局，既要遵循经济发展的规律与顺序，又要抓住解决当前制约经济发展的主要矛盾，补短板，强弱项，实现重点突破发展，创新驱动发展。

【国情观察】 中国能源转型“已在路上”

长期以来，煤炭是我国的主要能源。2017年，全国发电量为64951亿千瓦时，其中火电高居榜首，核电仅占全国发电量的3.82%。

美国能源信息署发布的数据显示，2017年美国发电量为40186亿千瓦时，其中核电占比约20.0%。而2017年欧盟各国发电总量为32440亿千瓦时，其中核电占比为25.6%。对比欧美核电占比，我国核电占比仅为3.82%，还有很大的发展空间。

新中国成立70年来向世界贡献了和平利用核能的中国智慧。这一智慧体现在：

第一，把核安全始终作为发展核电的首要目标，核电发展计划宁可放缓，也要行稳。受2011年日本福岛核电站泄漏影响，我国的核电项目审批曾一度放缓脚步，自2015年核准8台新建

流经内蒙古自治区托克托县的黄河，两岸水草丰茂、风景秀丽。

机组后，行业更是经历了三年“零审批”状态。2019年，我国核电产业结束三年“暂停”谨慎重启，2019年7月25日，国家能源局宣布山东荣成、福建漳州和广东太平岭核电项目核准开工。核电资本市场也迎来了新一轮发力。

第二，要保障核电安全。一要靠严格规范的科学管理，二要靠不断推动核电安全技术升级换代：“华龙一号”是由中国广核集团、中国核工业集团公司在我国核电科研、设计、制造、建设和运行经验的基础上，针对福岛核事故教训，以及全球最新安全要求，研发的先进百万千瓦级压水堆核电技术。“华龙一号”是自主知识产权的三代核电技术，它引进国外技术，通过消化、吸收和再创新，全面实现了自主设计、自主制造、自主建设和自主运营，标志着我国核电发展跨入了“自主创造”的新阶段。

随着生产方式绿色转型与能源绿色转型，可以预料，中国核电发展将进入新的发展时期。

（内容参见：2019年8月2日，凤凰网，http://finance.ifeng.com/c/7oobOChLiXM）

三、和谐共生中自然和谐的“美丽中国”

“美丽中国”，这是习近平新时代中国特色社会主义思想关于绿色发展观的中国实践。

党的十八大报告中首次提出“推进绿色发展、循环发展、低碳发展”和“建设美丽中国”，这是生态文明建设的主要内容。其中，“建设美丽中国”是目标，“推进绿色发展、循环发展、低碳发展”是手段。建设美丽中国与实现中华民族伟大复兴的中国梦是联结在一起的。

“美丽中国”是由美丽城市、美丽城镇、美丽乡村共同构成的。截至 2015 年，中国有 334 个（不含港澳台）地级行政区划单位，2853 个（不含港澳台）县级行政区划单位，40497 个（不含港澳台）乡级行政区划单位。随着经济发展，城市化进程不可逆转，但是乡村无论是数量还是面积，都在中国经济发展中占据重要地位。因此，要建设美丽中国，建设美丽乡村是重中之重。

（一）坚持绿色发展观的中国智慧

建设美丽中国，产业化是必由之路。推进产业化，不能走

“高污染，高能耗”的老路，也不能走“先污染，后治理”的旧路，必须坚持绿色发展观。坚持绿色发展观，就要推动低碳经济发展。

2008年10月，联合国环境规划署推出了全球“绿色新政”的概念，呼吁全球领导人在投资方面，转向能够创造更多工作机会的环境项目，以修复、支撑全球经济的自然生态系统。

在绿色新政中，政府的“绿色领导力”与“发展思路绿色转型”是基本要义，“绿色经济”是基本模式，“绿色投资”是基本方法，“绿色政策改革”是基本保障。推动发展思路绿色转型的核心是将绿色发展指标与低碳指标挂钩，将绿色发展指标具体化、数据化，将“碳排放”数据纳入政府、公务员政绩考核之中，这是推动政府发展思路绿色转型的保障。

推动生产方式绿色转型。绿色经济主要包括四大产业，即生态利用型产业：山地旅游业、大健康医药产业、现代山地特色高效农业、林业产业、饮用水产业；循环高效型产业：原材料精深加工产业、绿色轻工业、再生资源产业；低碳清洁型产业：大数据信息产业、清洁能源产业、新能源汽车产业、新型建筑建材产业、民族特色文化产业；环境治理型产业：节能环保服务业、节能环保装备制造业。推动生产方式绿色转型的关键是推动能源绿色转型。与此同时，还需推动生活方式绿色转型，推动培育绿色文化。

（二）加大生态保护力度的中国智慧

森林、草原、湿地、河流、湖泊、沙漠等多种自然形态，是一个长期形成的综合性生态系统。加大生态保护力度的智慧体现为：必须遵循生态系统内在的机理和规律，坚持自然恢复为主的方针；实施重要生态系统保护和修复重大工程；因地制宜、分类施策，增强针对性、系统性、长效性；生态保护和生态修复并举，进行综合治理。

解决好人民群众反映强烈的突出的环境问题，这既是改善环境民生的迫切需要，也是加强生态文明建设的当务之急。要保持攻坚力度和势头，坚决治理“散乱污”企业，继续推进重点区域大气环境综合整治，加快城镇、开发区、工业园区污水处理设施建设，深入推进农村人居环境整治。要抓好生态综合治理，对症下药，切实抓好落实。

2018 年 6 月，《中共中央、国务院关于全面加强生态环境保护 坚决打好污染防治攻坚战的意见》中提出，坚决打赢蓝天保卫战，着力打好碧水保卫战，扎实推进净土保卫战，确定了到 2020 年三大保卫战要完成的具体指标：全国细颗粒物（PM2.5）未达标地级及以上城市浓度比 2015 年下降 18% 以上，地级及以上城市空气质量优良天数比率达到 80% 以上；全国地表水一至三类水体比例达到 70% 以上，劣五类水体比例控制在 5% 以内；近岸海域水质优良（一、二类）比例达到 70% 左右；二氧化硫、氮氧化物排放量比 2015 年减少 15% 以上，化学需氧量、氨氮排放量减少 10% 以上；受污染耕地安全利用率达到 90% 左右，污染地块安全利用率达到 90% 以上，生态保护红线面积占比达到 25% 左右；森林覆盖率达到 23.04% 以上。

（三）实施乡村振兴战略的中国智慧

乡村兴则国家兴，乡村衰则国家衰。乡村是具有自然、社会、经济特征的地域综合体，兼具生产、生活、生态、文化等多重功能，与城镇互促互进、共生共存，共同构成人类活动的主要空间。

乡村振兴战略关乎全面建成小康社会的大局。改革从农村开始，农村也享受到了改革开放的成果。随着改革开放的推进，城市后来居上地成为改革开放的生力军，也成为改革开放的主要受益者。经济发展速度提高了，经济发展水平提高了，绝对财富增加了。但是，长期困扰中国经济发展的城乡差距问题、地区差距问题，却未能得以有效解决，乡村发展落后现状成了全面建成小康社会的“短板”。按照经济学“木桶效应”，要全面建成小康社会，重点在乡村，关键在乡村，最艰巨、最繁重的任务在乡村，最广泛、最深厚的基础在乡村，最大的潜力和后劲也在乡村。实施乡村振兴战略，是解决新时代我国社会主要矛盾、实现“两个一百年”奋斗目标和中华民族伟大复兴中国梦的必然要求，具有重大现实意义和深远历史意义。

乡村振兴战略走上了历史舞台。习近平总书记在十九大报告中指出：“农业农村农民问题是关系国计民生的根本性问题，必须始终把解决好‘三农’问题作为全党工作重中之重。”实施乡村振兴战略的总要求是产业兴旺、生态宜居、乡风文明、治理有效、生活富裕。2018年1月2日，《中共中央、国务院关于实施乡村振兴战略的意见》公布。2018年5月31日，中共中央政治局召开会议审议《乡村振兴战略规划（2018—2022年）》。

2018年9月，中共中央、国务院印发了《乡村振兴战略规划（2018—2022年）》等。

【国策展望】 建设中国“国家公园”体系

“国家公园”的概念源自美国，据说最早由美国艺术家乔治·卡特林提出。1872年，黄石国家公园作为世界上第一个国家公园被建立起来。2013年11月，在党的十八届三中全会上，建立中国国家公园的想法首次被提了出来。2015年9月印发的《生态文明体制改革总体方案》对建立国家公园体制提出了具体要求。

2017年9月印发的《建立国家公园体制总体方案》中明确规定，国家公园是指由国家批准设立并主导管理，边界清晰，以保护具有国家代表性的大面积自然生态系统为主要目的，实现自然资源科学保护和合理利用的特定陆地或海洋区域。

“生态保护第一”“国家代表性”“全民公益性”这三大理念，是中国国家公园体制建设的核心。建立国家公园体制的根本目的，就是以加强自然生态系统原真性、完整性保护为基础，以实现国家所有、全民共享、世代传承为目标，理顺管理体制，创新运营机制，健全法治保障，强化监督管理，构建统一规范高效的中国特色国家公园体制，建立分类科学、保护有力的自然保护地体系。

2019 年 7 月 9 日根据国家林业和草原局发布的消息显示，目前，全国已建成三江源、大熊猫、东北虎豹、湖北神农架、钱江源、南山、武夷山、长城、普达措和祁连山 10 处国家公园体制试点，涉及青海、吉林、黑龙江、四川、陕西、甘肃、湖北、福建、浙江、湖南、云南、海南 12 个省，总面积约 22 万平方公里。

（内容来源：2019 年 7 月 10 日，人民网，https://www.sohu.com/a/325873345_114731?scm=1002.46005d.16b016c016f.PC_ARTICLE_REC_OPT）